连锁复制丛书

连锁选址密码

马瑞光 李鸿飞 著

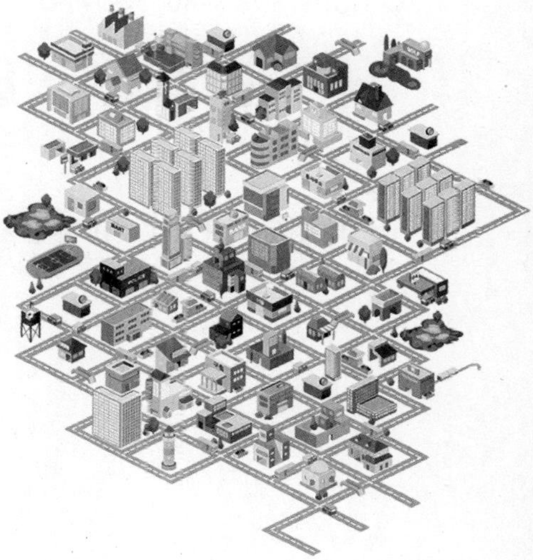

南方日报出版社
NANFANG DAILY PRESS

图书在版编目（CIP）数据

连锁选址密码 / 马瑞光，李鸿飞著. — 广州 :南方日报出版社, 2015.12
（连锁复制丛书）
ISBN 978-7-80652-971-3

Ⅰ. ①连… Ⅱ. ①马… ②李… Ⅲ. ①连锁商店－选址－研究 Ⅳ. ①F717.6

中国版本图书馆 CIP 数据核字(2010)第 007061 号

连锁选址密码　　马瑞光　李鸿飞 著

出版发行：南方日报出版社
地　　址：广州市广州大道中 289 号
电　　话：（020）87373998-8502
经　　销：全国新华书店
印　　刷：湛江日报社印刷厂
开　　本：787mm×1092mm　1/16
印　　张：14.5
字　　数：280 千字
版　　次：2010 年 3 月第 1 版
印　　次：2015 年 12 月第 4 次印刷
定　　价：30.00 元

投稿热线：（020）87373998-8503　读者热线：（020）87373998-8502

网址：http://www.nanfangdaily.com.cn/press　http://www.southcn.com/ebook

目　录

CONTENTS

序

近年来，随着现代商业竞争的加剧，连锁业不断地发展壮大，各行业的领先连锁企业在资本市场日趋活跃，连锁企业的竞争已经上升到了资本层面的竞争。纵观市场，已经融到资的上市连锁企业在不断地加速行业洗牌速度，没有资本或者正在筹备与资本对接的连锁企业也开始猛练内功，以期快速提升其连锁赢利能力，摆脱“被连锁”或“被洗牌”的命运。

企业成功与资本对接，其核心在于自身的赢利能力或潜在的赢利能力。赢利能力常常取决于两个方面：一是核心团队，二是赢利的标准化模式，即具备成功复制的标准化模式。

我们看到“零售为王”的超级终端时代已经到来，商业化连锁成功企业可谓比比皆是，如国美、苏宁、百丽等等，每个成功的企业都具有独特核心竞争力。

纵观世界知名连锁企业，如麦当劳、肯德基，如沃尔玛、家乐福等等，它们成功的秘诀就是超强的标准化执行力。我们知道连锁经营管理的基本原则是四化：标准化，简单化，专业化，独特化。而四化之中最主要的就是标准化，连锁标准化是指连锁企业所有门店为持续性提供和销售统一的商品和服务而设定的符合连锁企业文化、形象并能提高效率的一系列规范。标准化在一定程度上是专业化、简单化、独特化的体现，因为连锁的最大特征之一就是具备可复制性，而标准化是复制的必备前提。因此，可以说标准化就是连锁企业执行力的源泉。

逸马国际顾问集团多年来一直致力于连锁理念、思想的传播和连锁实战的研究，致力于为中国连锁企业提供连锁专业解决方案。我们的研究和实践也证明了连锁企业为了实现企业标准化而建立的独有的营运系统、训练系统和督导系统。营运系统构建标准化的操作体系，训练系统通过标准化的输出为企业培养执行力，督导系统通过超越执行力层面的监督保证执行力的持续性。

序

在国内，成长型连锁企业的各种问题尤为突出，对外扩张也越来越频繁。在与众多连锁企业的接触或咨询培训过程中，经营管理者常常提出如下的难题与困惑：

◎特许经营中企业应如何做到快速健康地复制？如何检测企业的扩张是健康的？

◎缺少系统科学的、复制性较强的连锁体系……

◎连锁标准化系统如何建立？ 如何建立系统的终端规范管理？

◎加盟连锁规模上来了，赢利却下来了，单店赢利成了问题……

◎企业越做越大，管理越来越累，员工跟不上企业发展，人才缺乏。核心人才如何建设？

◎内耗越来越大，员工执行力降低，如何解决？

◎连锁企业人员训练与标准化管理问题，商品合理化管理问题。

综合以上企业常见难题，我们可以简单归结于一点，那就是——如何“复制”的问题。要想成功复制，必须解决企业的“标准化”的问题。标准化就是流程、操作规范和工具表单。把标准化落实到各门店、各部门，进而落实到部门里的每一岗位及工作上，是连锁企业统一经营的基本要求，是店面高效、规范运作的基础，是连锁企业快速扩张、成功复制的根本，是保障企业持续赢利的关键。

为此，逸马顾问推出这一系列连锁复制丛书，涵盖了连锁企业营运管理的所有方面和模块，包括店面标准化、商品管理、门店赢利提升、选址、建店、开店、团队、店长、导购、训练、督导、管控、拓展、招商等等，是一系列通俗易懂、可借鉴可操作的理论及工具丛书。丛书有以下特点：

可读性强：通俗易懂，避免纯理论或专业工具的阐述，采用的案例丰富，多为经典分享。

实用性强：多个行业的实战案例，分别从人的服务标准化、物的服务标准化和环境服务标准化等方面进行详细描述，并以流程、操作规范等进行了具体展示。

易学易用：针对具体流程、操作步骤，本书都给出了相应的使用工具表单等，流程、操作规范和操作工具表单相结合，方便读者借鉴和使用，易学易操作。

本书适合连锁企业经营管理人员、连锁门店店长以及工作人员，企业培训师、咨询师及高校连锁经营研究学习人员等。

本系列丛书的出版是逸马顾问各位同仁的智慧结晶及经验沉淀，是逸马人共同努力的结果，我们将继续致力于传播连锁实战智慧以及复制连锁成功帝国的伟大事业！

在这里衷心感谢所有参与本书编写的辛勤努力的工作人员，感谢南方日报出版社给予的大力支持和协助，以使本书能尽快与读者见面。

同时感谢一直以来为中国连锁企业成功不遗余力地实践的企业界朋友们。坚信通过我们共同孜孜不倦的凝聚、传播、创新和追求，中国连锁企业的管理水平必将变得越来越成熟，越来越先进，成为世界一流！

编制时间仓促，不当或错漏之处在所难免，望广大读者不吝赐教！

逸马顾问连锁复制系列丛书编委会

2010-01-11

第一章

连锁企业选址之困

据有关数据显示，在我国，连锁经营企业正以平均每年114%的速度发展，截至2006年底，全国已有连锁经营企业1.5万余家。几乎所有的行业都可以用连锁店的方式来经营。而选址对于零售企业来说是关系到企业成败的一个重要环节。广告、价格、顾客服务、产品及服务种类都能够随着环境的变化较快地做出调整，相比之下，商店选址可以说是零售战略组合中灵活性最差的要素。因为零售商店的选址本身资金投入大，同时又与企业后期经营战略的制定，以及适应消费趋向变动所作的经营决策的调整息息相关，很容易受到长期约束。一些大的公司，例如沃尔玛、肯德基、麦当劳等国际连锁巨头，在决定增开新店之时，对新店的选址，往往是慎之又慎。因为良好的店址选择是其店铺开发过程中首要的和最需重视的要素，店址选择的失误将直接导致店铺运作的低效率和投资损失。

成功的选址系统是连锁企业核心竞争力之一，但受专业及经验限制，国内连锁业在选址的成功率上一直不高，通过咨询及接触，本章将从几个方面去分析现代连锁企业在选址问题上所面临的一些困惑和不解。

第一节　选址需要科学的依据

选址凭感觉的情况常出现在中小连锁企业，企业老板凭借多年经验和直觉来判断店址，往往说不清楚道不明白，成败多归咎于风水问题，说起自身选址经验，多半是有缘或有感觉，没有科学依据，风险非常大。曾经有这样的故事：有名美体连锁的女老板介绍自己的选店经验时自豪地说，“站在那里闻一下空气，就知道能不能开店”，结果在深圳发展时连开三家都失败了；另有名企业老总谈到他的选址经验就是到小偷多的地方去开店，结果标准完全不可量化。更多的门店老板在选址的时候凭的是自己的主观经验，凭感觉来投资，由于没有科学根据，风险非常大，碰运气的成分居多，需要认真地总结过去成功和失败的经验教训。

一、科学选址的意义和重要性

“与其开个大店铺，不如选个好店址”。对商业零售公司来说，门店的选址是非常重要的。因为，选择商店进行购物消费时，门店的位置是顾客所考虑的最重要因素。同时，门店的空间位置也是形成差别化甚至区域性垄断经营的重要条件。零售门店的选址本身资金投入大，同时又与企业后期经营战略的制定，以及适应消费趋向变动所作的经营决策的调整息息相关，很容易受到长期约束。总之，选址是一项大的长期性投资，选址的好坏直接关系到零售企业经营发展的好坏；选址同时是零售经营者确定经营目标、制定经营策略的重要依据；选址更是影响经营效率的直接因素，占据优越的门店位置是获得其他竞争者不易模仿的竞争优势的重要途径。

既然连锁企业要打造市场化商业环境中的核心竞争能力，那就必然要转变传统的思想观念：认为自己的“名专店”既有品牌优势，又有质量和货源的双重保证，必定是开一家生意红火一家，选址显得多此一举，无关紧要。因此，“拍脑袋”式的选址方式“应运而生”，这样的选址方式在市场化竞争中只可能是一个败笔，是一次没有任何目的性和意义的资产付出，极有可能将直接导致资产的流失。连锁企业的门店选址人员应真正从思想上理解“市场化竞争”的涵义，认识商业竞争的残酷和竞争所应该具备的基础。只有经过系统而科学的研究，抓住市场变化的规律和商业企业的发展轨迹，形成一套适合连锁企业自身特点的科学的、严谨的选址方案，才能在真正意义上走出传统观念的怪圈，踏出迎接市场化竞争的重要一步。

二、如何科学选址

连锁企业的“生意经”有别于其他零售商业公司，连锁企业的营销推广无法在完全竞争市场中发挥拳脚功夫，但可以将每一家直属门店看作是一个固定的广告位，通过网点的部署，最终改变品牌推广能力低下这一劣势。因此，好的门店地理位置既可以带来销售额，又可以作为品牌推广的一个辐射点。两个点只能是一条直线，但三个点就可以形成一个平面。从连锁企业的市场战略角度来看，“由点及面”扩展成网络，以产生规模效应的品牌推广模式是较为快捷也是较为有效的途径。那么，对于企业来说，如何依据现有门店情况，认清自身优势和劣势，进行严谨而系统的科学选址就显得尤为重要。

在此，不妨借鉴系统工程的思维模式和操作方法，将系统工程的重要思想和科学方法运用于门店选址中，建立一个科学严谨的选址指导和评估体系，从根本上规范操作流程，避免选址的盲目性，提高选址工作的效率和质量，抓住决定选址成败的重点，最大限度地减少选址过程中人为因素对选址结果的影响，使得整个选址体系与市场规律相符，成为指导选址的标准，但同时也要体现其可操作性和实用性，就像飞利浦所提倡的那样“精于心，简于形”。

按照系统工程的主要思想，遵循提高门店赢利能力的规范性、可操作性的科学经营管理要求，通过对直属门店开展的实地调研发现，影响门店选址的最大因素主要是居民情况、商圈情况、行人情况、交通情况、街道状况、地域状况、门店结构和成本七大因素，因此，在门店选址的过程中，有必要重点对这七大块内容进行有针对性的研究和评估。

1. 居民情况

居民情况的优劣会直接影响到门店的销售额、商品组合、门店开设业态及门店成长周期等众多因素，所以这一块内容是整个评估体系的基础。周边住户的年龄层次、住户结构、消费特征、住宅新旧等都是需要去研究的，通过特征分析和定性化的尺度，客观地衡量和评价选址在此条件下成功开拓的可能性，为门店定位提供有力依据。

2. 商圈情况

商圈氛围的重要性，一是它能够从宏观上为预测整个销售趋势提供依据；二是它将直接影响到门店定位（商品档次）和门店业态的选择；三是从整体营销战略上来说，它将主导整个网点布局的合理性，树立品牌的影响力，对于建设“精品网络”工程来说具有重要意义。这一块内容将主要考察同类竞争的影响和商业氛围，以此提供定性分析的依据和基础，综合考虑开设门店的可行性，也为从宏观角度考虑网点如何合理布局提供参考信息。

3. 行人情况

行人的流动方向和数量将直接影响到门店开设成功与否。充足的人流量一定程度上将保证门店的销售额，同时行人在无声无息中为商品、服务质量的品牌宣传提供了有利的流动媒介。这一块内容将主要从考察行人的流量、行人流动方向、行人的消费倾向等方面，来为门店的潜在消费市场和品牌市场提供分析和预测的依据。

4. 交通情况

从交通路线、车站、轨道交通等方面入手，联系门店实际情况，根据交通情况来估测此地区是否存在潜在市场，是否能为潜在消费者提供交通上的便利，是否能带动人流量，以此来判定该地段是否具备门店开设条件。

5．街道状况

通过街道交通规范、卫生环境等方面来考察该位置门店是否醒目，能否表现门店装潢的特点，是否与周围环境相辅相成，是否能突出体现连锁品牌的优势地位，以此来吸引周边潜在消费者，提升对该地区的影响力，带来整体品牌效应和规模经济。

6．地域状况

以门店为据点，以整个街道、路段为面，考察点在面上的协调效果，所考虑的问题将更加细化，更贴近实际，如是否为商业街道的黄金分割点，是否占据较好的市口位置，是否在地理位置上为促进销售提供了有利优势，是否能在一定程度上影响到周边地区的品牌效应。

7．门店结构和成本

一旦商圈环境确定，必然要考虑到门店结构和成本，如门店成本支出是否超出预算，盈亏是否能够达到平衡，门店内部结构是否有利装修表现等等问题。这一块内容应从选址租金、选址经营面积和选址整体布局来考虑门店开设的合理性和规范化，重点考察门店开设是否能够达成“成本支出最小化，赢利能力最大化”。

以上只是选址考虑的七大方面，在具体操作中应将这七大块内容具体化，可操作化。我们不妨将所要研究的内容运用数理统计的系统工程科学方法，并充分考虑行业的特殊性，结合长久以来积累的选址经验，制定一个科学合理的选址评估表，将影响选址的七大因素进行归纳、统筹和整合，对其进行可测量化、标准化，科学化地描述并评估待选位置的整体情况，供门店选址参考评析。

第二节　选址需要进行全方位的收益预测

逸马顾问在给企业调研及授课的过程中，遇到过类似的疑惑，即很多企业已有一定的选址标准和经验，也注重有策略地选址，占据有利位置。但往往旺铺是一铺吃三代，很少转手，成熟商圈的店址更是千金难求，租金、押金高昂，选择店址时如不能准确预测投资收益，租金成本高于本行业利润率，将导致门店经营失败。

一、注意租金的性价比

不同地理环境、交通条件、建筑物结构的店面，租金会有很大出入，有时甚至相差十几倍。对创业者来说，不能仅看表面的价格，而应考虑租金的性价比问题。举例来说，对月收入在两万元左右的饮食店，其月租金在3000—5000元比较合适，才能保证一定的毛利率。

二、选址要有前瞻性

并不是所有的“黄金市口”都一定赚钱，有时遇到市政规划变动，热闹的地段也有可能变成冷僻之地。因此，创业者在选址时要眼光放远些。除了市政规划外，还要注意该地区未来同业竞争的情况。

三、广开渠道寻找商铺

现在有许多创业者喜欢通过报纸广告、房屋中介、房地产交易会、租铺网等了解商铺信息。其实，商铺市场有个“二八法则”，即公开出租信息的店铺只占总数的20%，而以私下转让等方式进行隐蔽交易的却占80%。所以，寻找商铺一定要广开渠道，多管齐下。

四、“客流”就是“钱流”

商铺选址一定要注意周围的人流量、交通状况以及周围居民和单位的情况。对经营商铺的创业者来说，“客流”就是“钱流”，千万不要因为怕竞争而选在偏远地区。

五、“团租”方式经济实惠

目前，十几平方米的小商铺很抢手，租金因此水涨船高，而一二百平方米的大商铺却因滞租而身价下跌。在这种情况下，建议几个创业者以团体租赁的方式低价“吃”下大商铺，然后再进行分割，细算下来能节省不少费用。

第三节　选址需要系统规范的体系

我们先来看一个案例：作为在华南地区开设的第一家大型建材家居连锁店，东方家园2004年选址芳村时，选择在城乡接合部的未成熟商圈发展，原预期可获得周边楼盘未来发展带来的增长收益。但由于选址过于偏僻，周围都是批发市场，消费层次较低，客流量太少，整个市场至少需要两到三年的投入培育才能修成正果。选址先天不足加之经营手法上的缺陷，在辛苦煎熬一年多又歇业七个月之后，芳村店最终无奈地被百安居接管而告终。某些连锁企业为了降低成本或避开强势竞争实现“农村包围城市”策略，选择次商圈进行布点，也常因不能科学、准确地预测商圈成熟时机而沦为填坑或为人作嫁的下场。连锁业必须进行快速扩张，以此来降低运营成本。连锁企业在进入规模扩张时常出现第三种情况，即由于没有建立和完善选址标准及规范，缺少组织和系统，一旦批量开店选址，人员分身乏术，找不到想要的店址，扩张计划就不得不一再延迟，选址最终成为扩张战略的最大阻碍。这里有代表性的案例是连锁药店排名第一的老百姓大药房，其进驻北京之后，在经过了六人拓展团队两年的“扫街”选址、三任总经理由此下课之后，才终于在北京开出了第二家店，延误了发展的时机。

我们先来看一个案例：肯德基的跟进选址策略。

案例：肯德基的跟进选址策略

肯德基对快餐店选址是非常重视的，选址决策一般是两级审批制，通过两个委员会的同意，一个是地方公司，另一个是总部。选址成功率几乎是百分之百，是肯德基的核心竞争力之一。

通常肯德基选址按以下几个步骤进行：

一、商圈的划分与选择

1. 划分商圈

肯德基计划进入某城市，就先通过有关部门或专业调查公司收集这个地区的资料。有些资料是免费的，有些资料需要花钱去买。把资料收集齐了，就开始规划商圈。

商圈规划采取的是记分的方法。例如，这个地区有一个大型商场，商场营业额在1000万元算一分，5000万元算5分，有一条公交线路加多少分，有一条地铁线路加多少分。这些分值标准是多年平均下来的一个较准确的经验值。

通过打分把商圈分成好几大类，以北京为例，有市级商业型（西单、王府井等）、区级商业型、定点（目标）消费型，还有社区型、社区商务两用型、旅游型等等。

2. 选择商圈

即确定目前重点在哪个商圈开店，主要目标是哪些。在商圈选择的标准上，一方面要考虑餐馆自身的市场定位，另一方面要考虑商圈的稳定度和成熟度。餐馆的市场定位不同，吸引的顾客群不一样，商圈的选择也就不同。

例如马兰拉面和肯德基的市场定位不同，顾客群不一样，是两个“相交”的圆，有人吃肯德基也吃马兰拉面，有人可能从来不吃肯德基专吃马兰拉面，也有反之。马兰拉面的选址也就当然与肯德基不同。

而肯德基与麦当劳市场定位相似，顾客群基本上重合，所以在商圈选择方面也是一样的。可以看到，有些地方同一条街的两边，一边是麦当劳另一边是肯德基。

商圈的成熟度和稳定度也非常重要。比如规划局说某条路要开，在什么地方设立地址，将来这里有可能成为成熟商圈，但肯德基一定要等到商圈成熟稳定后才进入。例如说这家店三年以后效益会多好，对现今没有帮助，这三年难道要亏损？肯德基新开一家店要花费好几百万元，当然不冒这种险，一定是遵循比较稳健的原则，保证开一家成功一家。

二、聚客点的测算与选择

1. 要确定这个商圈内最主要的聚客点在哪里

例如，北京西单是很成熟的商圈，但不可能说西单任何位置都是聚客点，肯定有最主要的聚集客人的位置。肯德基开店的原则是：努力争取在最聚客的地方和其附近开店。

过去古语说“一步差三市”。开店地址差一步就有可能差三成的买卖。这跟人流动线（人流活动的线路）有关，可能有人走到这儿该拐弯，则这个地方就是客人到不了的地方，差不了一个小胡同，但生意差很多。这些在选址时都要考虑进去。

人流动线是怎么样的，在这个区域里，人从地铁站出来后是往哪个方向走等等，这些都派人去掐表，去测量，有一套完整的数据之后才能据此确定地址。

比如，在店门前人流量的测定，是在计划开店的地点掐表记录经过的人流，测算单位时间内多少人经过该位置。除了该位置所在人行道上的人流外，还要测马路中间的和马路对面的人流量。马路中间的只算骑自行车的，开车的不算。是否算马路对面的人流量要看马路宽度，路较窄就算，路宽超过一定标准，一般就是隔离带，顾客就不可能再过来消费，就不算对面的人流量。

肯德基选址人员将采集来的人流数据输入专用的计算机软件，就可以测算出在此地投资额不能超过多少，超过了这家店就不能开。

2. 选址时一定要考虑人流的主要动线会不会被竞争对手截住

因为人们现在对品牌的忠诚度还没到说“我就吃肯德基，看见麦当劳就烦”这种情况。只要你在我跟前，我今儿挺累的，干吗非要再走那么100米去吃别的，我先进你这儿了。除非这里边人特别多，找不着座了，我才往前挪挪。

但人流是有一个主要动线的，如果竞争对手的聚客点比肯德基选址更好，那就会有影响。如果是两个一样，就无所谓。例如北京北太平庄十字路口有一家肯德基店，如果往西100米，竞争业者再开一家西式快餐店就不妥当了，因为主要客流是从东边过来的，再在那边开，大量客流就被肯德基截住了，开店效益就不会好。

3. 聚客点选择影响商圈选择

聚客点的选择也影响到商圈的选择。因为一个商圈有没有主要聚客点是这个商圈成熟度的重要标志。比如北京某新兴的居民小区，居民非常多，人口素质也很高，但据调查显示，找不到该小区哪里是主要聚客点，这时就可能先不去开店，当什么时候这个社区成熟了或比较成熟了，知道其中某个地方确实是主要聚客点才开。

为了规划好商圈，肯德基开发部门做了充分的调研。以北京肯德基公司而言，其开发部人员常年跑遍北京各个角落，对这个每年建筑和道路变化极大，当地人都易迷路的地方了如指掌。经常发生这种情况：北京肯德基公司接到某顾客电话，建议肯德基在他所在的地方设点，开发人员一听地址就能随口说出当地的商业环境特征，是否适合开店。在北京，肯德基已经根据自己的调查划分出的商圈，成功开出了56家餐厅。

肯德基正是有了一套完整而又规范的选址体系，才能成为全球快餐连锁行业的巨头。它的选址模式和体系，值得我们借鉴和思考。

第二章

连锁企业“选址”与“抢址”

现代成功连锁企业的选址思维已经从传统的“选址”过渡到“抢址”。所谓“抢址”，是指在城市优质的店址处于相对稀缺的条件下，企业要想获得好的店铺位置，必须主动提前对城市进行全面布点分析，把优质的店址纳入自己的监控范围之内，随时观察，找准时机进入。

现代商圈店业态繁多，竞争激烈。越来越多的企业结合自己的业务模式开始考虑在社区布点。而在社区布点通常会采用“网”的布点战略与“堡垒式”的布点策略，即是在选址的过程中必须从面到圈到点，层层推进，系统布局，不放过每一寸土地。

连锁企业要想做好社区店选址必须结合社区店业务模式定位，找出目标消费者聚集地，并且找出衡量选址成功的关键要素，通过把这些要素分解为可以操作的指标，并对这些指标进行实地调研和量化评估，以此才能挖掘到优质的门店资源。

第一节　抢址三步法

要做到正确的抢址，可分为三步流程如下：

一、配合渠道拓展而采集城市经济、人口、社会信息、发展规划数据与资料，以便对该地区的情况有宏观面上的了解。这个了解不仅仅是对选址，对门店业务未来的销售推广也会有积极的作用。但是我们知道，要全面地获得本地区准确的数据，必须借助政府统计年鉴，或者是样本较大、抽样较广的社会调查和消费者调查。从国外成熟企业的选址经验来看，通常会采用GIS软件技术协助选址工作，比如大家熟悉的家乐福、沃尔玛等。但是目前在国内，采用软件技术协助选址可能成本较高、周期较长。在实践过程中，我们一样可以采用一些比较简单的方法，提取若干个选址的关键成功指标，比如采集城市楼盘、行业零售点、城市商圈信息，然后在此基础上绘制城市社区商业地理图，根据楼盘的价位和密集程度以及与商圈的结合度来进行筛选。这样一来，我们就可以准确地把握城市现有的可以进入的社区，同时也能够把那些有足够购买力，但是目前商业氛围尚未成熟的社区也纳入观察范围，从而就可以描绘出整个城市目标社区的进入层次，以此来指导我们的具体选点。

二、在城市社区第一轮圈选之后，我们要从社区的经济性、竞争性、发展性入手进行细致的评估。在这里，我们可以把这三大维度理解为社区某产品服务需求状况、社区某产品服务的供给状况，还有未来的供需状况。

社区的经济性，主要是考察社区产品和服务的需求量。要得到这个指标，我们一般可以通过社区人口总数和社区的消费能力来推断。如何去考察它们？通常情况下可以选取一些能够简单测量的指标，比如住户、年龄结构和人口流动性可以反映出该地区的人口状况，房价、私家车、银行、学校、超市、7-11的数量可以较容易判断到该社区的消费能力。

社区的竞争性，主要是去考察社区可能构成的业态竞争格局，一般来说是指同类产品，其他品牌专卖店在社区里的开店状况。根据这些因素可以判断社区的有效供给的状况，同时也可以发现社区选址的风险所在。我们要尽可能寻找没有竞争品牌存在的社区。

社区的发展性同样是非常重要的指标体系。很多成功的社区店当初在选址的时候，该区域并非十分火爆，社区商业也未必成熟，但是其背靠在建的大型高档楼盘、购物中心，未来可能是城市发展的重要商业圈。如果我们能提前判断并有所准备，在合适的时候进入，就能达到低价介入的良好效果。

三、最后，在同一个社区，可能存在着ABCD不同层次的店铺点，我们将寻找把“堡垒”修在哪个点上。把握住此“关键点”，是社区选址完全成功的临门一脚。对于具体店铺的评估，主要要从外部性和内部性入手。所谓外部性，是指店址外部的环境，包括门店的交通流量、与周围商铺的相容性、所处的地点进入的难易程度等。其中人流量和车流量是最能衡量门店可接近性的重要指标，必须通过长时间和周期性的实地调研工作，才能取得较高的可信度。

店铺的内部性主要是指店铺内外的结构，还有在租赁过程中的成本：租金、转让费、装修费等。在准确了解店址状况之后，通过对目标店址的成本和收益的核算，可以评估出目标店址的优质状况，同时可以简单核算开店的投资回报率。

成本评估较为简单明显，收益预测可以通过下面的公式计算得到：目标店需求量＝社区产品服务预计需求量×相关权重＋社区产品服务实际流动需求量×相关权重。社区产品服务预计需求量在第二步调研中可以获得，即是该地区消费人口的理论消费量，比如该社区有1万户，每户每月消费某产品10元，那社区理论消费总量就是每月10万元；实际需求量通过人流可以测算；权重根据地区差异有所不同。

第二节 抢址策略

在生活中我们经常会遇到这样的现象，比如你在街上遇到一个人，后来跟你同行的人对你说：“刚刚那个人，他当年曾和我一起到白马订货，那时我们两家卖场挨在一起，他的店只有18平方米。可是现在，他生意做得很大了。”言下之意，当初这个人还不如他，但现在却比他做得大多了。原因其实很简单。很多优秀的人之所以和大家一样是从小生意做起的，但却能在三五年之后很快做大了，是因为他在做小生意的时候就具备做大生意的眼光和思考问题的方式，以及做大生意的胸怀和魄力，这一点很关键。同样，卖场选址不单纯为了做今天的生意，不是选好一家卖场，把它装修好，货品摆好就可以了，而应该把它作为一个战略性思考的课题来研究。现在人人讲决胜终端，终端竞争已经成为我们面临的一个核心要点，这也是未来发展的趋势，所以在选址的过程中一定要讲求策略才行。

一、小城市开大卖场策略

小城市开大卖场，对每个行业的终端来说都是有一定的实用性的。也许有人会提出，如果在一个城市里开的都是二三十平方米的小店铺，人们都已经习惯在百货商场买东西的话，开大卖场肯定行不通。还有的人会认为，大卖场谁都想开，但缺少资金。但是实际上，只要现在某个城市还有人开大卖场，就应该立刻着手去做，最后一定会成功。

众所周知，中国加入WTO之后有很多优秀的国外的二三线品牌陆续进入内地。它们进入内地之后，首先要占领的必然是北京和上海这样的大城市。其次主攻的城市一定是各大省会级城市，所以未来各大省会级城市的竞争将非常激烈。那么作为一个品牌的经营者，尤其是在省会级城市做品牌的代理商必须提前做好准备。同时，中国各大品牌公司为了保住阵地，也会纷纷出马，派出自己的直营部队、嫡系部队在各大省会级城市排兵布将、安营扎寨。因此无论是国外的品牌进来，还是中国自己的品牌公司到重要的省会级城市安营扎寨，直接带来的就是公司之间的竞争。而作为代理商和加盟商，在资源、订货条件方面远远比不上他们，所以在未来的两三年中格局将会发生这样一个变化：一批优秀的加盟商，即现在已经懂得公司化运作，懂得开办卖场靠人才系统复制的人，他们已经开始建立自己的网络，慢慢会形成一群新的优秀团体，也就是所称的品牌托管公司。他们将会凭借资源、管理、系统、网络等优势跟这些优秀的品牌进行谈判。最终必然会导致这些大代理商、加盟商之间竞争加剧，从而使他们转战到小城市中去，因为相比省会城市来说，小城市还是有一定空间可以做的。因此对于现在在小城市做代理、做加盟的人来说，研究如何在小城市开大卖场的策略必须提前进行。如果等到两三年之后，很多一类城市的商家也准备进军小城市的时候，在小城市开小店的商家再去抢占大的卖场、好的位置，为时就晚了。

小城市开大卖场为什么能成功？因为这符合营销学中一个重要的理论，即抢占市场第一原则。众所周知，全世界最高的山峰是珠穆朗玛峰，全世界最长的人造建筑物是长城。那么每一个有志于卖场发展的人不妨思考一下：您所在城市最高档的酒店是哪家？您所在城市最大的娱乐城是哪家？您所在城市最大的百货公司又是哪家？如果您现在要搬家换到一套新的房子里，想换掉全部的旧电器，或者您现在要买一台冰箱，那么很多人都会首先想到海尔冰箱；再或者您想买一条西裤，那么您会首选哪个品牌？毫无疑问，肯定是九牧王；同样，要是买一件夹克，那么首先想到的就是七匹狼。以上所列举的种种事例，正好向我们揭示了这个理论。经过心理学家和营销学家研究分析之后，发现一个共同的现象，就是在人类的心理阶梯里面最容易记忆的就是抢占市场第一原则。所有的营销学都要研究消费者的心理，这一点至关重要。所以，在卖场选址的策略中如何运用抢占第一原则，是本节论述的核心。抢占第一原则中，面积可以第一，位置可以第一，服务可以第一，清晰的定位也可以第一。正如上面所说的，买西裤就应该想到九牧王，因为九牧王是西裤专家，360度立体裁剪，每一条西裤都经过108道工序精制而成；买冰箱首选海尔，因为海尔冰箱的品质是最优秀的，海尔总裁张瑞敏当年为了保证冰箱的品质，当场用铁锤砸毁76台冰箱，这些信息的传播定位，就是抢占第一原则中的一个重要的策略。长此以往，最大的、第一的、品质最好的，这种印象就留在了大家的脑海中。这时即使对手的品质、专业度比它更高，但要想赶上它需要花10倍以上的精力才可能做到。

上述案例充分证明了抢占第一的重要性。对卖场来讲，面积大是非常有影响力的，因为卖场面积会给所有过往客人第一直观印象。那么，能否在一个偏僻的地方开一个大卖场呢？答案是否定的。卖场一定要选在“旺铺”的位置，如果在偏远的地方开300平方米的卖场，不如在旺铺的街面开一个50平方米的小卖场。小城市开大卖场一定要选在好的位置，这一点首先要明确。如果把在上海的淮海路上开一家30平方米小店铺的租金，用在上海附近的嘉兴的一个最旺的位置，起码可以开一个300平方米的大卖场。其实即使一个200平方米的大卖场，在嘉兴的最旺的位置上已经足以引起所有人的关注。而30平方米的小店铺在淮海路上很容易被淹没在品牌的海洋之中，但是一个200多平方米的大卖场在嘉兴这样小城市的旺铺位置上的影响却大不一样，所有的人都会眼前一亮，因为大家已经习惯了三四十平方米的店，如今突然冒出来个200多平方米的卖场，大家肯定对它充满了兴趣和期待。

下面再举一个案例。在安徽某个县城，一个只有9万人口的小城市，有一位刘老板，他开了一个面积128平方米的卖场，一年有200万元的营业额。在9万人口的小县城，128平方米无疑算是大店。他曾经很自豪地说：“我三年跨了三步。第一年，经营的是48平方米的小店，当时已经感觉很满意。第二年又扩大到60多平方米。第三年，我一步到位将店面扩大到了128平方米。”这位经销商的卖场不但面积大，而且里面的灯光布局、装修都非常到位。他运用抢占市场第一原则策略，把第一个大店在县城建了起来。相反，如果把这些钱拿到上海的淮海路、南京路开店的话，结果不言而喻，但是在那个小城市里面却会引起整个城市的关注。这就是抢占市场第一原则在小城市开大卖场策略中的奇特功效。

20世纪90年代中期，在新疆乌鲁木齐，观奇洋服是人们最梦寐以求的服装。在新疆人眼中，能够买套观奇洋服已经心满意足，但是后来著名品牌报喜鸟也出现了。原来观奇洋服在中山路上有一个非常好的铺位，那是当时乌鲁木齐最繁华的一条街。有一段时间外面围了起来，一直在装修。装修完毕，大家看到的是一个崭新的品牌——报喜鸟。在此之前大家都没有听说过报喜鸟，但由于它的店比以前的观奇洋服要大很多，并抢占了这里最好的位置，装修也非常到位，场面又宏大，很快整个乌鲁木齐人人都知道了报喜鸟，这只鸟在一夜之间飞到了所有人的心里。

郑州有一位家电代理商，年销售额达1亿元之多，之所以取得这样的业绩，首先在于他的店铺的规模，他同样是遵循了抢占市场第一原则，将卖场的规模做到了当地第一。旗舰店平均每个月支出的电费就要3万元，店租就更可想而知了。

还有一位开服装店的老板，他在江苏的一个地级市开了一家男装店。店里的商品平均单件都在三四千元，年销售额800多万元。但是他为了使自己的营业额有新的突破，听了关于卖场选址与布局的课，从中吸取了抢占市场第一原则的思想，并在别人的建议下，进行了一系列的运作。他首先去选了一批杰尼亚面料，然后请最优秀的加工厂为他加工衣服，数量不多，每款只选了两三件。加工完毕之后进行精包装，然后在卖场里挪出一块最重要的位置，并将之重新装修布置，把这几款高档的衣服放在那里，定价1.8万元一套。在灯光的作用下，这几件衣服又增添了几分品位。

三个月之后，那些衣服卖了3套，最后都是以1.5万元成交。但又有人告诉他："我们的目的并非是通过卖1万多元的衣服来取得暂时性的赢利。而是将这些产品推向新闻媒体，通过媒体进一步展现该服装的优点及独特之处，做到'人无我有，人有我优'，从而让产品在消费者心中留下深深的烙印，进一步树立、巩固和维护'第一'的身份，从而达到销售第一。"在当地新闻媒体的宣传下，这个城市很快掀起了一股"送礼就送高档服装"的热潮，而大家都知道最高档的服装在这个店里。而且，更大的成功是，由于这个定位，带动了三五千元价位服装的销售。这就是抢占市场第一原则的魅力。

当然，我们论述选址的时候，重点是面积是否可以抢占市场第一原则。比如有的经销商可能是开单个卖场，也有的既做男装又做女装，还做了几个不同的品类，这样的情况要做到抢占面积第一的话，方法其实很简单。比如把卖场集合在一起，把整个卖场门面的装修统一起来，同样会形成良好的势头。有的加盟商不但男装女装都做，而且女装里面有不同的定位，那么同样也可以将整个卖场全部连在一起，实行集群化，门头全部用统一的装修，气势自然就会彰显出来，跟竞争对手的距离也就自然拉开了。所以跳出圈子来思考问题是必需的，要有高屋建瓴的气势。

以上只是就服装行业的终端卖场举了一些例子，实际上换成别的行业、别的卖场，只要运用这个原则同样有效，同样会成功。大城市的经销商进来开大卖场的时候，会认为在小城市开280平方米卖场的钱，也只相当于在省会级城市开一个50平方米卖场的投入资金。于是他们很容易就把大卖场的位置和优势占领了。所以对于小城市的加盟商来说，想在小城市开大卖场，抢占第一至关重要。因此，依靠面积抢占市场第一原则同样是正确而有效的手段。

二、大城市开旗舰店或者多开店策略

那么，在大城市开店该怎么开呢，或者怎么来抢占第一呢？有两条路可以选择：第一，要开就开旗舰店，有代表性的卖场；第二，多开店。有的人也许会认为在大城市开旗舰店不太好，的确，客观上讲可能是这样。但对于代理商而言，开旗舰店还是特别重要的，旗舰店在一定程度上能起到旗帜性的作用。除了开旗舰店以外，现在还有一种流行的做法，那就是多开店。因为在大城市要开一家很大的卖场，有时可能要说服3个老板，因为这个大卖场可能是由3个小店铺拼起来的。由于每个店铺的租赁时间都不一样，所以特别困难。于是有些高手就会选择在同样一条步行街里面，一口气开5家店铺的方式。多开店的作用和影响：一来可以造势，二来抓住了消费者心理。

现在各行各业的市场品牌众多，竞争激烈，大家都在搞打折促销活动，作为消费者，则会先选上三五家同类的东西作比较。一比价格，二比款式，三比售后服务。一般来说，顾客走进第一家店肯定不会马上就购买，但如果再往前走，看到的还是这个品牌，自然印象深了一些，可能再次进去看看，但还不一定购买。继续往前走，看了很多个品牌之后还没有满意的，结果又看到这个品牌的另一家店。在短短500米的一条步行街上，这个顾客看到5次这个品牌，已经被刺激了5回，这时这个品牌已经在他的脑子里留下了深刻的印象。顾客走了半天，感觉东西都差不多，而这个品牌频繁出现，他心里就会产生这个品牌还不错的感觉，不然它不会开这么多店。抱着试试看的心理，顾客可能就购买了这个品牌的产品。由此可见，在一条街上多开店，还是有道理可言的。实际上一些先行者已经在两三年前就开始用这种方法运作了，这个方法在选址里面也就是常说的布局手法。当然也并不是说多开店就一定要每个店铺都赚钱，最终还是要看店铺的整体利润是否有所提升，如果以前开一家店铺一年能赚10万元，五家店铺的赢利只要高于10万元就可以开下去，并不是必须要赚50万元才能开，即使其他四个店铺都持平，就一个店铺赚钱。换个角度思考，可以把其他四家店铺当作免费的活广告牌，而在一条繁华的步行街上做一块广告牌价钱是很高的。同时通过管理5家店，经营者的经营和管理能力都得到了提升，这也是一笔无形的财富。当然，最终还是要看总盘账赚不赚钱，这是最重要的。

另外，经营者有时会遇到自己看中的卖场位置被别人抢先占领的情况，遇到这种情况就要多思考一下，有资金的多用资金，没有资金的多用关系。在小城市里面，关系资源其实很重要。有时候一些繁华的商业街里面总会有一些老的百货大楼或者国有单位设在那里，这时候就可以找相关的关系进行沟通。或者让他们把邻近的地方让出来，重盖一栋楼，或者再租一个好的写字楼，因为政府部门的行政办公楼不一定非要在商业街上，而这栋楼对生意人而言，它的商业价值却是很高的。实际上，一些优秀的温州人早在几年前就开始采用这样的方法了，而且现在他们都做得很好。再拿一个服装行业老板的成功案例为例：这位老板本来是做鞋子生意的，他在一个城市里偶然发现了一栋3层的楼，位置很好，正好在一个拐角处，周边全是各大百货商场。这栋楼原是一个国有单位的办公楼，通过协调，他最后跟这家单位达成协议，把这栋3层的楼承包了下来。他首先将楼全部装修一新，再根据自己的消费群体是大众百姓而定价，将鞋的价格定在比较适中的150—250元。下一步就是如何吸引目标客户群，提高其进店率。有了进店率，目标客户成交率才会提高。考虑到只需要二层卖鞋，聪明的老板想到一个好主意：他把一楼全部打通，改造成一间间的专卖店铺位，然后开始招商，要求是加盟商所经营的商品要与二楼自己经营的鞋的客户群相匹配。休闲装可以满足这种需求，一方面这类产品引来的客流量大，另一方面其产品价位所吸引的客户群正好跟二层的鞋类产品相匹配。于是，一层全部租给了休闲装品牌，像佐丹奴、班尼路、罗宾汉、意飞逊等。一层人气越来越旺，也带动了二层的人气，鞋子的生意也一天比一天好。此外，这里休闲装品牌最多、最集中，这栋楼的周边是一个大商圈，而在这里恰恰形成了一个定位为休闲品牌的小主题，整幢楼的卖点有了清晰的定位，这也正好印证了抢占卖点第一的原则。另外，为了加强整个楼体对公众的吸引力，这个老板还把二楼的外表面分割成若干块，做巨型的广告牌，租给一楼的客户，这些广告牌一年所赚的费用够得上老板一年所有的公关费。而在楼顶老板留的一块巨大的广告牌位置，后来也被一家国际大公司花巨款买去了。从老板的整体收益看，可以说是一本万利，一楼的铺位租金就已经把当时买楼的费用都返回来了，二楼相当于老板自己免费使用，而三楼则作为写字楼用，比如可以租给想在这里做办事处或分公司的一些大的品牌。

这个案例，就体现出了一种非常好的选址策略。总之，经营者要跳出圈子来思考，要学会用战略的眼光思考问题。

三、成行成市策略

卖场选址一定要成行成市。所谓成行成市就是在国内形成固定目标顾客群和市场。在一个城市里面，一条街的客户层是有定位的。顾客已经养成了买东西的一种特定习惯，买大路货的人经常会在这一条街上逛，买高档品牌货的人则习惯在另一条街或者某几家商场里面买东西。所以成行成市首先要跟客户层相匹配。如果有一条街全部是卖电器的，可以开一家生活用品店吗？或者一条街都是做餐饮的，可以在这里开家办公用品店吗？答案是否定的。因为顾客已经有了哪条街是买家电的地方，哪条街是吃饭的地方的心理定位。所以经营者要想想自己的品牌定位，在所在的城市里面，通过调查，了解消费者心目中购物的地方在哪里。

另外，面对对手的竞争，不必惧怕，要采取紧逼策略，跟着对手一起走，也可以跟他们合作，而不是互相记恨、想把对方搞垮。做大生意的人都知道合作的重要性。其实谁有这样的影响力和号召力可以把快速消费品的所有代理商、加盟商全部集合起来？有谁可以把所有的家用电器的代理商和加盟商全部集合起来？答案只有一个，那就是市场。相同定位的经营者联合起来，如全部卖快速消费品的或者全部卖家用电器的联合起来，一起选一条街，并把这条街包装起来，进行造势。一旦声势造起来，受益的是所有人。

百货店的选址也是非常重要的。由于百货商场在当地通常具有很大的影响力和号召力，它代表着品牌的定位和身价，能在这样的商场里立足的品牌，在人们心目中的地位也是不一样的。就像上海的恒隆广场，进入的都是世界各大品牌，在这里立足就意味着跟世界品牌站在了同一起跑线上，那代表的是品牌身份和地位的提升。有的经营者可能想先选择在二类百货商场里面做，等业绩做好了以后再进一类商场。但要注意的是，一旦在二类百货商场里面做了，就意味着品牌已经定位了，被贴上二类品牌的标签，提醒顾客自己不再属于高档品牌。由此可见，选择百货商场很重要，这是经营者在选址时要注意的。

第三节　现代选址方法

目前国内连锁企业选址，大都采用欧美企业在20世纪70年代使用的市场调研法，即只对几个微观的市场因素进行调查。2008年我们在企业一线调研发现，这种方法忽略了几个重要的选址细节，导致门店失败。

一、城市分类

在大型连锁经营项目中，是否进入一个城市，是战略层和拓展人员首先遇到的问题。传统做法一般看人均收入、城市的发展状况等，但一上来就进入细节，实际上往往使一线人员忽略了一个宏观大前提：城市的类型。

城市大概可分为三类：

（1）工业化城市：这种城市的功能单一，人口较少，大多是某个或某几个大型企业的员工和家属。根据工业项目不同，又可分为：矿业城市（如大庆、克拉玛依、抚顺），重工业城市（如鞍山、本溪），轻工业城市（如东莞、番禺）。此外还有电子及高科技工业城市，但都依附于大型城市周围，属于卫星城。

工业化城市居民中，工业企业员工占比很大，居民呈“金字塔形”消费结构，一线工人的数量大，收入稳定，当然绝对值不高，而且居民对购物时尚的追求不会太超前。那些商品种类又宽又深、档次和价格带很宽的零售商不易成功，而由于这类城市中很少有极贫困阶层，因此低价、散乱的业态也很难成功。

（2）交通枢纽城市：一般这类城市是由两个因素产生：地理位置和行政区

划。它们的建城时间都很早，大多有百年的历史，是商品和信息的集散地，又可分为：门户型（进入某个地区的必经之地，如山海关），交叉型（几个交通干线交叉的地方，如武汉、郑州），港口型（一个主要的出海港或内陆港，如大连、秦皇岛），地区核心型（某个地区的核心城市，如沈阳、西安）。

这类城市的居民有典型的“纺锤形”消费结构，即有少量特别富有的阶层和非常贫困的居民，而中层部分占大多数，而且中层群体里有一大批消费意识超前的顾客。这类城市积极吸纳的业态都比较先进，传统业态不占优。虽然某些城市中层的收入也不高，但在跟风驱使下，会把价格带往上烘托。

（3）混合型城市：是上面两种城市功能的混合，其中很多是受政府政策的影响而成，往往成为特大型城市或城市群，又可分为：工业中心城市（依托围绕其周围的工业卫星城或园区发挥其交通枢纽的优势，如深圳），经济贸易中心城市（依托其在经济和贸易方面的软硬件优势，大力开发新兴工业园区和工业卫星城，如上海、北京），行政中心城市（首都、省政府所在地同时也是工业城市，如北京、长春）。

该类城市兼具上面两种特性，比较复杂，但由于各种传统或现代业态都比较发达，所以竞争很激烈。

在进入一个新城市选址前，我们都应该对城市的性质进行分类，以确定自己的业态类型、目标顾客、商品结构、价格带、竞争方法等。因为在各种城市中，往往对服装（时尚程度、价格水平）、食品（健康与否、新奇与否、价格水平）等方面的需求差异很大。例如，沿海港口城市和内陆矿业城市之间，对于食品结构的需求就大不一样。因此，针对什么城市，应考虑什么变量，最后要开什么样的店，是需要决策者和拓展者不断摸索总结的。一般来说，政府规划者如果对城市有清晰的定位，并将各类资源集中于该定位，即可保证该城市的稳定发展，这些城市是选址者的首选。一旦对某类城市的特性掌握比较全面，开店成功率高，那么以后就可以大大节省同类城市的选址成本，并为该类城市的新店开业提供很多信息、经验的支持。

二、某百货连锁公司选址策略

某时尚百货连锁公司准备在东北地区选择一个城市开第二家分店。它考虑的因素有：

3个备选城市：大连，沈阳，大庆。

投资预算为4亿元，准备4年收回投资。

目标顾客：23—45岁的时尚女性顾客。

商品均价：100—400元。

平均客单价：200元。

经营模式：时尚品牌联营专柜。

分析：（以下为内部资料，仅供参考，做样本分析用途）

首先，对城市进行逐个分析。

大连：港口型的交通枢纽城市。

消费者结构：市区人口300万，目标顾客平均月收入2700元，处于人口膨胀期。目标顾客占市区人口的13%左右。外来流动人口多，有旅游消费。

商业结构：传统商业比例下降，新兴业态快速发展，竞争激烈。商业辐射周边地区。

基本成本：人员成本较高，整体投资不足，甚至需要追加。

结论：

（1）消费整体绝对值较大，但因竞争激烈，相对值一般。

（2）消费者基数大，可以支撑本百货公司。

（3）投资成本较高。

（4）未来5年消费者总量会有所增长。

（5）仍会有新竞争者进场。

沈阳：地区核心型的交通枢纽城市。

消费者结构：市区人口400万，目标顾客平均月收入2700元，处于人口膨胀期。目标顾客占市区人口的12%左右。外来流动人口多。

商业结构：与大连相似。

基本成本：与大连相似。

结论：与大连相同。

大庆：矿业型的工业化城市。

消费者结构：人口200万，目标顾客平均月收入2300元，处于人口稳定期。目标顾客占市区人口的6%左右。

商业结构：传统商业比例高，新兴业态发展迅速，竞争不激烈。是商业被辐射地区。

基本成本：人员成本较低，整体投资充沛，甚至有富余。

结论：

（1）消费整体绝对值较小，但因竞争不激烈相对值很大。

（2）消费者基数足够支撑本百货公司，且无分流。

（3）投资成本较少。

（4）未来5年消费结构稳定。

综合分析：

这是一个定位于中等收入女性（商品均价底线为100元）的时尚百货公司。在沈阳虽然消费基数大，但分流严重，不确定的因素过多，无法做其销售总额的预算，因此也很难做正确的评估。大连的状况和沈阳差不多。因此，大庆比较适宜。

但可惜的是，在现实中，我们常常看到：最熟悉运作一种商品结构或价格带的连锁店，却跑到另一类城市去尝试新的商品结构和价格带。这种跨越比在同一价格带下的商品调整难度要大得多，失败几率也高！

所以，一个简单的原则：分清城市的类别，做足准备再去开店。

三、城市功能区的分类

当我们确定要进入某个城市之后，就要对其地图按功能进行区域划分。一般我们对城市做如下划分：

（1）居住区：人口密集。人口流动较少，顾客的忠实度比较高。社区往往有较强的独立性。

（2）工业区：工厂云集，较多的工作人口，钟摆式的生活方式。人口密度小，流动性也不大。顾客有忠实度，但购买意愿小，而团购居多。

（3）商业区：店铺云集，流动人口大，顾客忠实度低，竞争激烈。租金高。市场影响力很大。

（4）行政区：政府机关所在地，送礼和餐饮消费集中。顾客的忠实度比较高。

（5）学校区：学校云集，有较强的独立性。人口流动较少，顾客的忠实度比较高。在与地产商谈判时，我们首先要确定的就是“店铺所在地所属的功能区”，之后才去确定是否开店，开什么样的店。这里我们要再次强调：不同区域的适合业态是完全不同的。当然，在很多老城区功能区是混合在一起的，要按实际情况来区分。

一般的做法是将不同的功能区用不同的颜色标志出来，然后做综合分析。特别是在物业谈判前期，我们首先就要了解该地周围的功能区分布状况。

四、某连锁超市选址策略

某连锁超市选中了一个交通便利的商用楼宇。背景如下：

该楼宇的北面是一个正在建设的大型社区，人口约1万户，两年后可以全部入住。东面西面是工业区。南面是一个大学。无竞争对手。

交通：处于十字路口，有多条公交线路经过。

物业状况：1.2万平方米，两层。

房租：60万元/月。

过程：该超市和很多连锁店一样，在未经选址调查的情况下签约并开店。业态是1万平方米的综合超市。

经营状况：开业两个月就进入低潮，日均营业额9万元左右，严重亏损。

分析：

（1）工业人口过多，且人流都是经过，不会下车购买商品。

（2）居民区还在发展阶段。

（3）学生的消费较单一，无法形成规模。

（4）业态选择有误。

解决的方法：这个楼宇身处工业区，但选址者却按照居住区来对待——尽管两年后确实有个社区。经过研究和分析，做了如下整改：将一楼的6000平方米改做建材超市，以装饰装潢和五金电料为主。二楼变为5000平方米的生鲜加强型超市，以食品和生鲜为主，辅以日用杂品。

结果：一楼日均销售额为25万元，毛利率25%。二楼日均销售额为8万元，毛利率为12%。

对功能区类型的固定划分，虽然有些呆板，但却非常管用：它能节省选址的思考步骤，并使决策者摈弃表面浮华的数据和趋势分析，做出更合适的判断。

常常有地方政府或其他相关机构以“未来的社区特征/发展结果”来吸引商业企业，但未来就是未来，我们最该关注的就是当下这个区域到底是什么类型的。

要知道，不开店就没有损失，但开了店开不好，损失是很大的。决策者一般内心对成败都很敏感，如果一个店在该城市失败，那好几年他也不会到这儿来开店，其结果就是：因为一个店放弃了一座城市！

接下来我们谈一个微观因素对选址的影响。在我们所见的一些书籍中，特别是美国的一些理论书籍，对商业企业的周边微观环境因素都有详细的分析，且有主次之分。但是时代变迁，在中国，原来被认为不重要的次要因素突显出来。现在我们就来看看这些被忽略的因素。

首先来看障碍物。障碍物是指：在我们的商圈里影响顾客便利和来店客数的自然地理条件和公共设施。

在我们的传统商圈划分方法中，一般是以500米、1000米、5000米、10公里画4个同心圆。500米的叫核心商圈，又叫主商圈；1000米的是辅商圈，又叫次商圈；5公里的叫辐射商圈；10公里的叫影响力商圈。

零售业态多种多样，它们的商圈重点也不同。比如，便利店只研究500米以内的各项参数就可以了，而大型的购物中心（MALL）有时要研究30公里范围内的各种参数。

但我们要强调，商圈并非我们理论上讲的圆形，而是由于其范围内因障碍物的存在而变成的不规则图形。

我们先对障碍物做个分析。它们从形状上讲可以分为：条状障碍物和块状障碍物。条状的诸如：封闭的公路、河流、封闭的绿化带等，一般通过桥梁和地下通道连接两端。块状的诸如体育场、封闭的政府机构、军事基地、大型的收费公园、湖泊等。这对于我们的商圈都产生了不同程度的影响。

一名顾客虽然就住在马路对面，但他必须要到300米外的天桥才能过到你那边，那他就很难是你的主力顾客了，特别是当他附近又新开店的时候，忠实度就大打折扣了。优秀选址人员在选择店铺时，一般要绘制一份详细的商圈分布图，用深浅不同的颜色标出核心商圈的位置、次商圈的位置，以及在商圈中存在的障碍物。

总结以前的经验，我们建议要关注以下要点：

（1）对消费者密度的影响：如某百货公司西面临近一个100公顷的湖泊，其实际消费者密度就大打折扣。

（2）对消费者便利的影响。如河流、立交桥等。

（3）对消费心理的影响。如传染病医院。

五、某实际案例分析

某连锁超市A准备进军华北某城，特调了一个高级经理亲自督战，项目进展十分顺利。

在此城市的北部有一个新兴的超大型社区，人口超过10万，而且还没有大型的零售企业进入，应该说是绝佳的机会。拓展人员很快在社区的南部找到了一个两万平方米的商业楼，非常适合开办社区购物中心或大型超市。该商业楼与此大型社区只有一路之隔，从地图上看，没有比这更好的地点了（另一个在社区内有6000平方米，租金高20%）。

在做商圈分析报告的时候，大家取得了普遍的共识，很快就完成了签约。但在报告中忽略了一个细节：那条路是封闭式的，距此建筑400米外只有一个小型的过街天桥。当时对这一细节大家也没有在意。

几个月后超市开业，刚刚开始的5个月很好，生意红火。到了第六个月生意就开始下滑。原来在社区较北的地方有个5000平方米的中型超市B开业，很多顾客都转向了那边。

分析：

选址不是一个简单的过程，很多的细节因素都会对未来的营业有所影响。

其实根据我们的了解，在选址前，企业的拓展经理也看到了这个问题。但是他既没有给予足够的重视，也没有上报。而且他主观地认为，那儿不是有天桥嘛，而且附近也没有其他竞争者，所以影响不大。

但是，那个中型超市的拓展人员也正是看到了这一点，根据自己的商圈图，500米内不会有人争夺客源。1000米处有封闭的公路阻隔，再加上天桥与A超市的400米距离，使它与竞争者的实际距离为1400米——这几乎超出了可竞争的范围。因此他们根据自身的状况开办了一家中型超市，并且取得了成功。

于是A超市处于一个尴尬的境地。为挽回败局，他们也进行了调整：

首先，降低自己超市生鲜品种的价格，以低价吸引社区顾客。其次，推出大宗商品送货上门的业务，再设老人辅助员（即60岁以上老人来店有专人负责送货到家）。再次，发动社会力量和关系，要求政府增设新的天桥（由企业出资，政府建设）。最后企业实际支付成本超百万元。

忽略一个细节就使企业蒙受了如此巨大的损失。

在这里要强烈建议，拓展经理们在选址前一定要认真阅读市政的两年远期规划，要搞清楚：在我们建店后的两年里，我们的区域会不会有新的障碍物出现？笔者曾经亲身经历过一个百货公司的项目，他们开业后一年，市政府将其北面的平房区改建为立交桥，使其业绩急转直下。其实早在开店前，市政府就有这项规划，但决策层根本没在意。

六、商圈内非直接竞争业态的影响

大多数店铺都是扎堆的。那么旁边的那家店铺是抢了你的生意，还是旺了你的买卖？实际上，它们对你的影响是复杂多变的，甚至很多是难以一眼就看出来的。原则上我们把这些非直接竞争业态进行如下分类：

A．与我们的主要顾客相同，但商品不同。如：生鲜超市和百货公司之间。

B．与我们的主要顾客不同，但商品类似。如：精品百货公司与服装批发市场之间。

C．与我们的主要顾客不同，商品也不同。如：鞋店和婴儿用品商店之间。

D．与我们的主要顾客相同，商品也类似。如：品牌专卖店和百货公司之间。

当然，如果要作更精细的考察，给决策者更多变量，就要注意记录非直接竞争业态的以下几个细节：

（1）对方的来客数。

（2）对方的客单价。

（3）对方可以影响到的商圈。

（4）对方的商品结构。

（5）对方的顾客群。

（6）对方自身的面积。

（7）对方的社会功能。

我们以顾客和商品为坐标，画出如下坐标图来（见图1）。

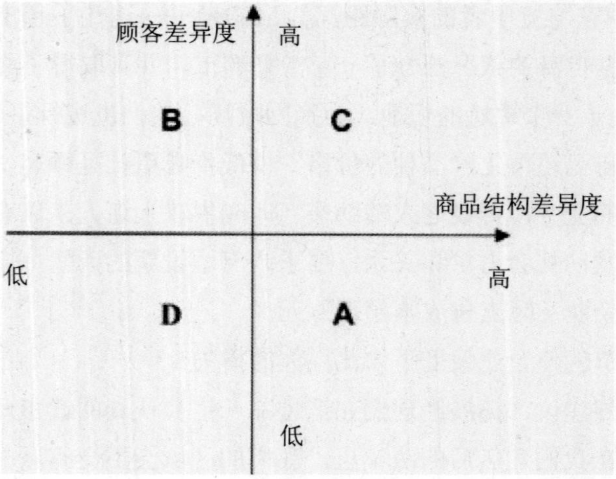

图1

处于B、C两个区的商店都会增加我们的客源基数，因为它们的顾客是做大了这张饼。C、A区的商品都会促进我方商品的销售，因为它们的商品与我方互补。而D是在两个方面都有负面作用的。

我们做商圈调查的时候，就应严格考察周围业态的状况，看看是否对我们有好的影响。我们来看一个案例：

某外资5000平方米生鲜超市的拓展人员对周边业态的调查表如下：

序号	名字	面积	距离	对方商圈	分类
1	品牌百货公司	25000平方米	50米	3公里以上	A
2	农贸市场	5000平方米	400米	500米	D
3	鞋类和成衣的批发市场	25000平方米	500米	3公里以上	C
4	肯德基	200平方米	50米	500米	A
5	医院的住院部	50000平方米	200米	无	C
6	街边露天摊贩（早晚市）	200平方米	500米	500米以内	B
7	美容院	300平方米	100米	500米	A

上面的表格我们可以应用到图中（见图2）：

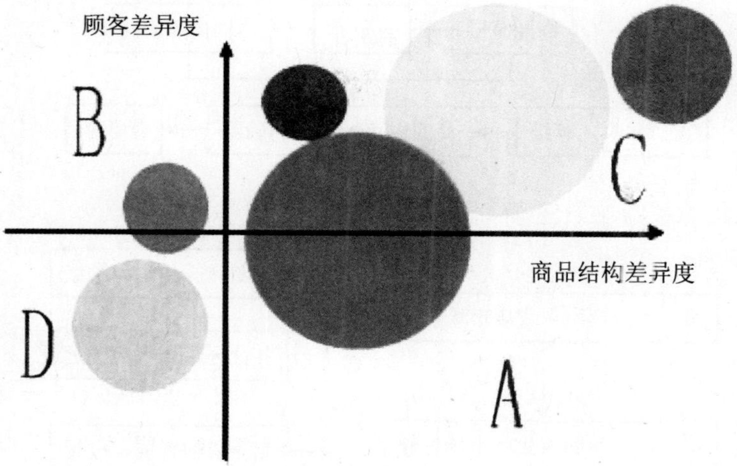

图2

根据图表我们发现，处于C区的业态是比较多的，而且处于强势。因此，对于决策者来说，在此地开店是很稳妥的。企业既可以和它们共享资源，又不会对自己的销售产生冲击。

接下来我们要预估月营业额，判断房租水平。一般房租水平占未来每月营业额一定的比例，才能保证投资的安全。那么怎么来推算未来的营业额呢？

一般地讲，开店后的实际营业额为来客数和客单价的乘积。也就是说来客数越多销售额越多，客单价越高销售额越高。而影响来客数和客单价的最基本因素就是：商圈内的人口数和收入水平。

当然，光知道人口数和收入水平这两个简单的数据是不够的，我们一般还需要从三个方面入手调查：

1．确定商圈范围。由于业态的区别，商圈的大小是不同的，例如便利超市的“主商圈”可能只有50米，而购物中心（SHOPPING MALL）则高达30公里。不同商圈包含的顾客和对手店是不一样的，根据自己的实际情况来确定商圈范围是十分必要的。

2．确定竞争者的数量和影响力。第一步确认后，就应按照业态和商品的雷同度对消费的影响，来分析到底有多少人口可能被分流。

3．商圈内的障碍物。上文我们曾就障碍物作过描述，并且说明了它们的影响。和竞争对手一样，它们在商圈内对便利性的影响使其直接削减了我方主要消费人口。

请看图3：在做了人口和收入等级的确认以后，我们就商圈内我们企业的实际市场份额进行推算，大体流程如图4，进而推出未来的总营业额（具体计算过程见后附案例）。

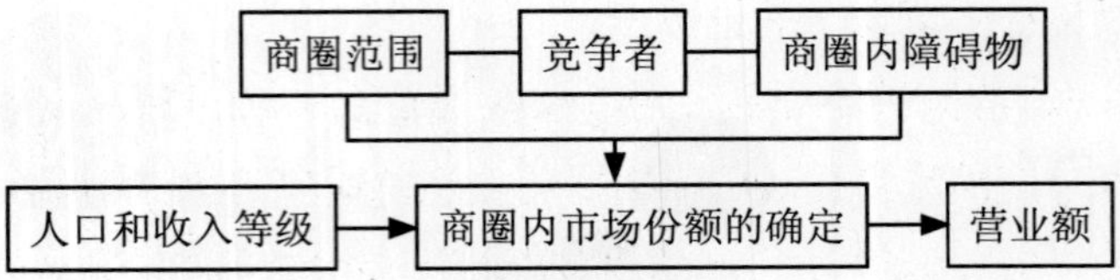

图3

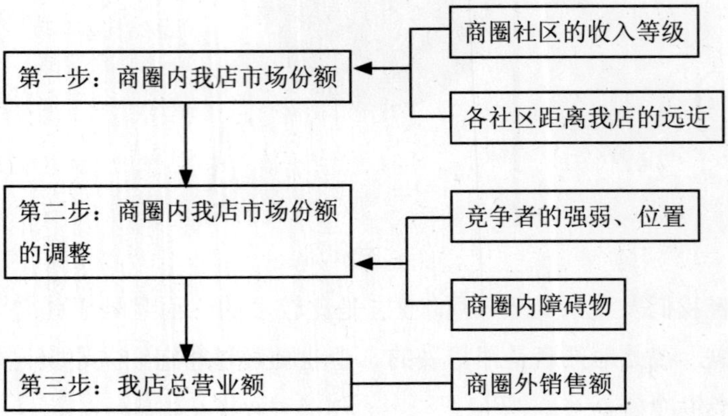

图4

这里我们先谈谈影响市场份额的几种大致情况：

（1）商圈内的不同区域都是固定、成熟居民区，居民的收入等级较高，而且没有竞争者，这样的市场份额最大。

（2）商圈内的不同区域存在竞争者，会导致市场份额减少。减少的程度取决于竞争水平的等级。居民区对手门店更方便。

（3）商圈内的市政设施对商圈的影响。街道、河流等导致商圈内的部分居民不能方便地来到我们的店铺购物，或者导致商圈外的部分居民只能到我们的店铺购物。

（4）若商圈内有我们自己的另一个店铺，因为增加了一个店，则这两个店铺的总市场份额相对于单店会增加。但每个店铺的营业额可能会比只有一个店时的营业额要低。营业额降低的比率取决于这两家店商圈重叠的大小。这种情况非常危险，有可能导致一个店关闭，须做好研究分析工作。

（5）一般来说，商圈外的居民也会来购物，这些销售量最高可能会占约20%的营业额。但这会根据不同的经济状况、店铺周围邻居的不同而产生变化。商圈外的营业额来自商圈外的居民经过我们的店铺，顺道购物而产生的。这些额外的销售取决于店铺周围的邻居，如医院、学校、自由市场、电影院等。

可是我们要考虑的是：如何把上述影响因素用具体的数值表现出来，才能对我们最终的计算有效？这时我们可以模拟将来开店后的经营状况，然后根据顾客对这个状况的反应来估算几个关键数据。

◆ 覆盖率：店铺提供的商品（可以是某类商品）满足居民所有需求商品的比率，比率越高，越能满足居民的需求，居民也就越愿意来购买。

◆ 消费能力率：商圈内顾客食品、保健品、美容和家庭用品的消费量与当地平均值的比率。

◆ 食品消费率：顾客在我们店铺购买食品的消费占他自己总消费的百分数。这能考察顾客对我们店铺的忠诚度。

◆ 市场份额：在我们店铺的消费量占商圈内总的消费量的百分率。

◆ 渗透率：商圈内到我们店铺消费的顾客数占商圈内居民数的百分率。

对于其他业态，得到覆盖率和渗透率两个数据就足够了。再根据上一节影响因素的影响力度，对数据进行修正即可。

某时尚服饰广场欲在东北一省会城市的次级商圈开业，委托我公司做来客数与客单价预估体系并进行风险预估。调查方法及结果如下：

1. 商圈概况：商圈固定居民较多，约占顾客总来源的75%。有省级医院3所，电影院2家，餐饮机构16家，小学1所，初中1所，有4条公交线路在此始发，7条在此换乘，过路客占25%。商圈内有潜在竞争者若干：5万平方米的大型综合传统百货公司1家，临街服装专卖店23个，两万平方米服装批发市场1座。

2. 调查：我们对10个封闭管理的社区做了统计，150个当地居民做登门拜访，100个路人进行了随机问卷调查。

3. 调查结果：

重要因素的取得：我们对所有受访者公布我们的经营构想（商品定位、结构和促销组合等），并对他们作了开业假设，最终取得如下统计数字：

来客数：23.7万

（来客数＝本商圈消费者总数×渗透率×来店购买频率）

消费市场占有率：7.74%

（消费市场占有率＝品类占有率×覆盖率×渗透率）

预计月销售额：3406万元

（预计月销售额＝时尚产品的总消费额×覆盖率×渗透率）

预计客单价：143.7元

（预计客单价＝预计月销售额÷来客数）

由此行业平均毛利率23%，可推算该店毛利约：780万元。由于房租成本应控制在25%以下。因此，若房租低于195万/月则无风险。

注：本数字经过处理，仅供说明方法，直接使用后果自负。

当然，除了房租水平，实际上获得来客数和客单价的意义或许更大，因为它们可以作为将来日常运营控制的指标。一旦发现来客数和客单价低于该预计标准，就可采取相应分析和补救措施。

第三章

战略布局与选址策略

第一节　选址体系与战略布局

构建成功的选址系统是连锁企业成功的必经之路，跨国连锁巨头们如沃尔玛、家乐福、麦当劳、肯德基等经过了几十年的发展，在选址时都形成了一套十分科学、严谨的选址系统，对城市、建筑设施、周边环境、道路交通、人口密度、人口结构、购买力等都做出定量分析，在此基础上进行商圈分析及开店测算，因此选址成功率非常高，其经验值得我们借鉴。以肯德基为例，肯德基目前在世界拥有连锁店数约为14000多家，在中国短短时间就开出2100多家门面，其选址投资成功率几乎是百分之百，其成功经验归纳下来有两个方面：

一、建立了科学的选址流程与标准

通常肯德基进入城市后，选址先从商圈的划分与商圈的选择开始，然后进行聚客点的测算与选择，包括店门前人流量的测定，最后将这些信息输入专用的计算机软件，就可以完成开店盈亏测算，明确地知道在此地投资额不能超过多少，超过多少这家店就不能开。

肯德基以家庭成员为主要目标消费者，推广的重点是较容易接受外来文化、新鲜事物的青少年。餐厅选址主要考虑地理、经济、市场及客源等几个要素是否符合定位，肯德基根据这些要素和自己的调查划分出不同商圈，并选择可进入商圈，并等到商圈成熟稳定后才进入。在选定商圈后，肯德基努力争取在最聚客的地方和其附近开店。在选定商圈里，人流动线是怎么样的，人从地铁站出来后是往哪个方向走等等，在计划开店的地点单位时间内有多少人经过，这些都派人去掐表，去测量，有一套完整的数据之后根据标准填写商圈及竞争条件表、租赁条件表、现场情况表、综合评估表等，并依据数据综合评分确定店址。

二、选址决策两级审批制

肯德基有其明确选址原则及规划，为保证选址成功率，选址流程要通过两个委员会的同意，一个是地方公司，另一个是总部，总部掌握选址系统软件并积累大量的数据及选址经验，能做出准确高效的决策，有效保护了肯德基品牌和加盟商信心。相对国内大起大落的快餐连锁来说，成功的选址系统是麦当劳、肯德基等洋快餐的制胜法宝之一。

肯德基、麦当劳等跨国连锁企业的选址系统开发非常成熟，选址系统已实现IT化软件化，目前已发展到应用地理信息系统GIS软件进行新店拓展的选址及门店网点的布局优化的阶段。如何有效学习、模仿直至超越它们，成功地构建连锁选址体系是国内连锁企业必须研究的课题，一旦在选址系统进行有效突破，将会极大加速中国连锁事业的成功。我们再以国美选址系统发展为例做说明。

国美在1996年初还是仅有5亿元营业额的民营企业。为了加速发展，国美选择王府井商城开出近3000平方米的店，当时开业前的广告费就达100万元，但开业后却发现：房租过高，经营成本居高不下；交通不便，紧邻夜市因而导致交通堵塞，货运车无法进入。在王府井购物的多是外地人，其购物目标不是家电产品。选址失误问题，迫使国美提前终止合同，撤出王府井。王府井商城的选址失误，使黄光裕意识到连锁经营的标准以及流程的重要性。于是他主持对十年来国美发展的经验进行了认真总结，制定成《国美经营管理手册》，其中规范了连锁店的选址标准如下：

（1）面积：根据公司的经营品种及经营规模，展示规模应保持适当的经营面积，原则上营业面积应大于2000平方米，其中附属周转库房面积应大于300平方米。

（2）楼层：原则上只选择首层，可考虑首层带二层。

（3）交通：具备不少于20个停车位，公共交通便利的商业区域为最佳。

（4）期限：租赁期限应在五年以上，十年以下。

随着《国美经营管理手册》规范和异地复制使用，国美的连锁经验很快被复制到了天津、上海、成都、重庆等地，有了规范化基础，国美全国扩张的速度也有了保障，而且各个地区的管理水平得到了有效的保证。收获标准化好处后，国美在2002年聘请专业顾问公司对运营体系进行升级，经过专业咨询，国美经营形成完备的经营标准化体系，选址也由原来简单评估要求转变为科学的标准化评估并形成一套经营预测工具，店址评估所需表单就有：

（1）电器店审批工作流程图。

（2）电器店立项申请报批单。

（3）电器店可选卖场基本情况表。

（4）城市状况调查表。

（5）商圈状况评估表。

（6）卖场结构及设施评估表。

（7）交通及辐射状况评估表。

（8）新开门店年经营情况预测表。

（9）租赁合同报批单。

（10）房屋租赁合同。

（11）卖场计租面积测量表。

凭借科学的选址系统，国美以平均每年100家以上的开店速度迅速扩张，新的选址系统有效地降低了成本，保障了扩张战略的成功，选址也为总部完全掌控的核心业务，在总部成立专门的选址部。国美同时对选址形成三级审核及管理的系统，国美对选址审核的规定如下：

（1）公司总裁负责新门店选址最终审批。

（2）连锁发展部负责新门店选址的督导、审核。

（3）分部连锁发展部负责新门店选址工作。

（4）大区负责分部新门店选址的审核。

众所周知，开店是连锁企业扩张事业的必由之路，连锁行业是植物性行业，设立地点的好坏对未来营业额有举足轻重的影响。因此，选择好店，抢占好点，是连锁企业发展的秘诀。以北京布局为例，国美在“跑马圈地”战略指引下，凭借开店策略和选址系统，短期内在北京建立星罗棋布的门店，将众多商圈与战略要地收入囊中，形成消费者覆盖；同时应用一套办法，国美在全国多线用兵，迅速抢占连锁版图，成就行业霸主地位。国美选址系统规范和完善经验可为众多连锁企业借鉴。

第二节　解决办法

跨国连锁巨头们用数十年形成了一套十分科学、严谨的选址系统，对企业发展起到重要作用，我们的企业可不可能快速形成一套自己的系统的方法呢？

基于对中国连锁的研究和咨询，我们总结出了一套科学的方法分六步构建选址系统，关键由模式（Model）、模型（Matrix）、要素（Momentum）、调整（Modulate）、手册（Manual）、完善（Maturity）组成，简称选址6M模型，如下图。

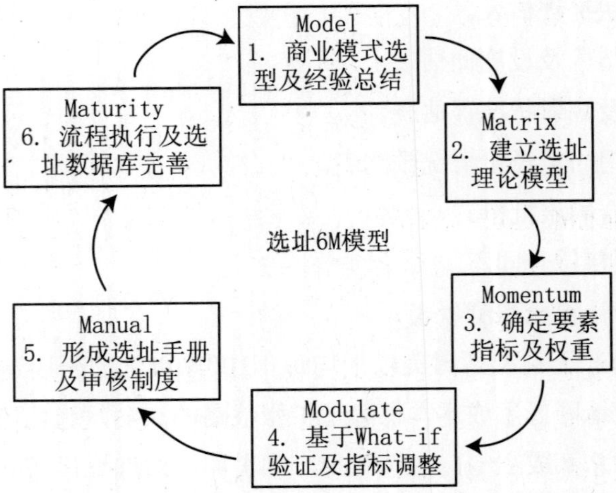

一般连锁企业可依据此六步法从无到有构建自己的选址系统，以解决连锁选址和拓展的难题，提高加盟商对总部的忠诚度，获得稳健及快速的发展，以下简要介绍一下选址6M模型的主要步骤和方法：

1. 商业模式选型及经验总结

通过市场调查，了解消费者及业态发展趋势，以确定本企业商业模式选型，对消费者行为方式的分析，有助于确定选址定位，同时可采取问卷调查、专家访谈、数据收集等方式总结沉淀企业（加盟商/经销商）以往选址的成功经验，为选址提供准确的经验和数据支持。

2. 建立选址理论模型

根据商业模式及现有选址理论推导，总结与概括出选址模型，明确选址信息收集约束条件，如简便性、成本、科学性等，确定模型的使用范围，找出可以量化评价及成本较低的采用指标体系及采集办法，简化选址所需的数据。

3. 确定要素指标及权重

此步骤重点是通过商业模式应用层次分析法确定关键要素及二级要素，建立选址模型，并应用专家评分法，将定性分析转化为定量分析，确定各个要素权重，分解重要维度为可操作化的评分标准，就可开发相应的评估表，如商圈及竞争条件表、社区情况表、租赁评估表、综合评估表等，以此建立数学模型及软件模型。

4. 基于What-if验证及指标调整

此步骤重点是试用模型，建立选址检验计划及数据库，通过实际测试，与历史数据建立回归方程，再通过软件模型校正指标效度，采用模拟计算的方法解决不同要素权重设计方案对选址总评的影响，形成权重及参数调整表。有了准确的店址的评估标准、权重和一些成功案例，我们可以完善店址的评估工具表格，使之成为我们进行连锁经营店址评估的标准化工具，详细参见《基于What-if的选址模型设计》。

5．形成选址手册及审核制度

此步骤重点是将选址评估的标准化流程、规范及表单结合，形成或升级选址手册，成为选址标准化管理的基础，强化总部控制，同时要求不断收录选址案例，提供给不同区域选址人员参考使用。

6．流程执行及选址数据库完善

持续进行执行流程与检查，根据战略目标提前收集及更新选址所需数据，完善选址数据库，在此基础上可进行选址软件设计开发，不断提高选址效率及准确性，形成总部独有的知识专利。

逸马连锁企业选址体系设计的6步法（选址6M模型）流程说明

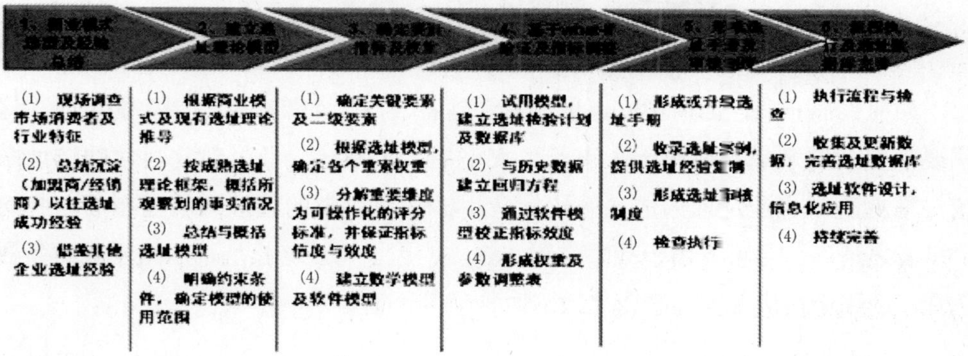

与国外连锁企业不同，6M强调选址成本与效益，强调量化是渐进过程。跨国连锁企业选址流程和规范是完全基于科学定量分析，对调查及数据采集与分析要求非常高，有时这样的选址分析甚至长达一年以上，对国内企业来说普遍难以承受，让国内的连锁企业感到可望而不可及。而我们应用6M设计的选址系统、标准及参数都经过精心设计、反复验证，有效缩短了时间及成本，是一种实用、实效的好方法。

第三节　6M方法之应用

连锁企业竞争如下围棋，讲究谋局布局，“一子落棋，满局皆输”，要在选址布局上为未来竞争打好基础，同时现代成功连锁企业选址思维已经从传统的“选址”过渡到“抢址”。所谓“抢址”，是指在城市优质的店址处于相对稀缺的条件下，企业要想获到好的店铺位置，必须主动提前对城市进行全面布点分析，把优质的店址纳入自己的监控范围之内，随时观察，找准时机进入，先发制人，关于连锁企业的选址与抢址我们在第二章已详细介绍，在此不重复说明。

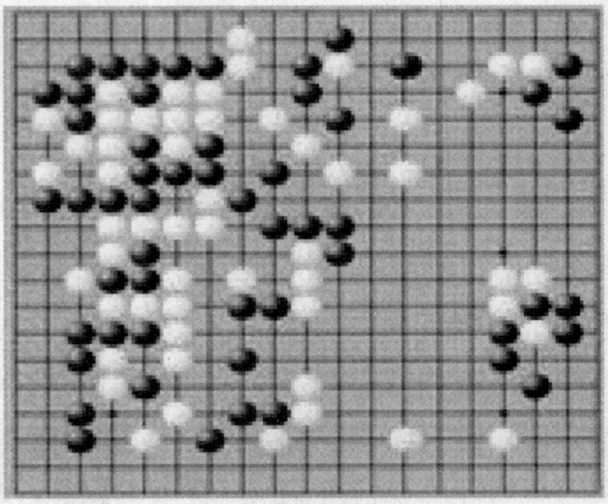

如何谋局布局，如何做好店址调研和储备，用什么策略拿到想要的店面，这就要求企业的掌舵人着眼于大市场、大格局、大系统，及早建立科学的选址系统，掌握连锁企业选址的成功密码。应用6M构建科学的选址系统是布局制胜的“王者之道”，它可应用于战略位置选择，应用于选址与抢址，应用于成熟商圈选择，应用于门店并购与直营化改造时价值等评估。

第四节　选址模型的概述

选址问题为空间资源分配问题，在一般化的选址模型中，一个或多个服务设施为一系列在空间上分布的需求点服务，被建模型的问题的空间逻辑关系可以是一个一般网络，也可以是一个特殊网络，问题的任务是确定设施的位置(有时可能是分配顾客到设施)，从而优化一个显性或隐性地依赖于空间关系的目标。

一、选址理论背景概述

选址理论最初是由Alfred Weber提出的，他考虑了这样一个选址问题：确定一个仓库，使得仓库与一系列在地理上分散的需求点之间的旅行距离最短。经济学家Hotelling提出了竞性选址问题：两个相互竞争的供应商在一条线路上的选址问题。此后，选址决策的研究在工业、农业、物流业、城市规划、通讯、铁路等行业进行了一系列相关的应用。但是，在19世纪60年代中期以前，该领域的研究工作主要是一些互不联系的应用，还没有形成统一的理论。

根据目标函数、约束条件、决策空间、模型参数和所覆盖的时间周期的不同，选址模型具有以下五个结构特点：

（1）设施的数量：单设施或多设施；

（2）设施能力：有无能力限制；

（3）连续或离散的决策空间：设施可以在被研究区域内任意点定位还是只能在有限数量的离散位置被定位；

（4）参数性质：问题的参数是随机的还是确定性的；

（5）模型性质：模型是静态的还是动态的。

以往的研究人员已经提出了多种模型来解决公众和私有设施选址问题。在私有设施选址问题中，最受关注的问题是仓库或生产中心选址问题：而在公众选址问题中，最重要的应用则是紧急服务车辆和设施选址问题。典型的选址问题包括：网络设计、仓库选址、紧急服务设施覆盖问题和竞争性设施选址问题。

二、国外的研究历史与现状

1．单目标模型

最简单的平面最小化问题是Weber问题，该问题假设一个设施被确定为一系列离散的需求地服务，并使得旅行成本最小。广义的Weber问题有时也被称为仓库选址问题或选址分配问题。

另一类选址问题的目标是最小化最大旅行时间或成本，这类问题中，比较典型的是P个中心(p-center)问题或绝对中心问题：在一个一般网络中确定P个设施的位置，使得一系列离散的需求点与设施之间的最大(加权或不加权)距离最小。当设施的位置被限定在网络中的节点上时，该问题则成为顶点中心(vertex center)问题：当P＝1时，该问题被称为Jordan中心问题。

2．多目标模型

选址问题的多目标模型的早期研究主要集中于对实际问题的数学建模方面，问题的目标主要是考虑成本最小和满足需求，其中成本最小目标是最受研究人员关注的，绝大多数选址模型都考虑了选址问题的成本因素。满足需求的目标体现了以顾客为导向的服务理念，相应的模型描述了系统在一定的服务水平下满足顾客需求的能力。这一目标的表达主要采用了覆盖模型和分配模型。

可以看到，近期对多目标选址模型研究的重点，已经从对实际问题建模方面转移到对更一般化问题的建模和对算法的深入研究两个方面了。研究人员都倾向于采用更加复杂的技术，例如混合整数线性规划、广义分配模型、模糊集合理论、距离范数等，从而使模型具有更加普遍的意义。

3. 随机模型

随机模型使选址模型更加符合选址问题的实际情况，其研究方法主要分为两类：概率方法和情景计划方法。这两种方法的系统输入参数都是具有不确定性的，包括：旅行时间、建设成本、需求位置和需求数量。目标是确定设施的位置使得系统的绩效最好。概率方法考虑模型中随机变量的概率分布，而情景计划方法则考虑了一系列变量的未来可能值。

1961年，Manne发表了第一篇考虑随机输入参数的选址模型的文章，模型的目标是确定具有无限时间周期的设施的期望规模，使得设施建设折现成本总和最小。该模型表明：随着需求方差的增加和资金利率的降低，设施的期望最优规模将增大。

4. 动态模型

系统的需求和成本项目会随着时间的推移而发生变化，即系统所处的外部环境是动态变化的，因此，静态的选址模型根据现期数据所得到的结果在未来的经济环境中可能是次优的。动态选址模型通过优化或近似优化的方法对跨时间周期的设施选址问题进行描述，此时的主要问题是如何在需求和成本变化的跨时间周期的规划期内对设施进行选址，使得总的长期成本最小。与静态模型相比，动态模型要考虑设施在不同时间周期的再选址成本。

Ballou首先进行了动态选址模型的研究，欲解决的问题是：确定一个仓库的位置，使得系统在有限的、跨时间周期的规划内获得最大利润。Ballou的模型在目标函数中没有考虑时间结构和成本因素，而Wesolowsky则在目标函数用一个0-1整数变量将设施再选址成本考虑进来，并采用结合分枝定界技术的枚举法求解模型的最优解。后来Drezner对这个模型进行了进一步的修订，新的模型用期望成本替代了原来的给定成本，并将设施再选址的概率考虑进来。

三、国内的研究历史与现状

国内开展选址模型研究的起步较晚，蔡希贤等于20世纪80年代中期对国外的一些经典的选址模型进行了介绍。与国外选址研究的发展历程不同，国内选址问题的模型研究是从多目标选址问题开始的，这体现了国内选址问题的模型研究较好地吸收了国外相关研究的先进成果，能够在一个较高的起点上开展进一步的工作。最初的多目标平面选址问题是无约束的，考虑了两个距离目标：欧几里得距离最小和绝对值距离最小。运用模拟退火算法对该完全的NP难题进行求解。随后，马良等又对有约束的多目标平面选址问题进行了研究，仍然采用模拟退火算法对模型进行求解。模拟退火算法虽然可以有效地求解此类问题，但是其运算效率非常低，而且最终解往往不一定是稳定解。因此，蒋良奎对他们的工作进行了改进，提出了一种将混沌优化方法与Dixon算法相结合的混合算法，该算法可以克服模拟退火算法最终解收敛于局部最优解的缺陷，同时具有较快的收敛速度。

根据问题的一组参数得到备选地址的初始值；通过迭代过程得到新的备选地址；比较新的地址与原来的地址之间的误差是否满足允许误差的条件，如果满足则停止迭代，认为找到最优解；否则进行下一次迭代。肖华勇等注意到了张显东等人的工作，因此对他们的模型进行了分析，推导了模型的求解过程，并用实际算例对模型进行了检验，从而发现了模型的不合理性。除了市场占有率之外，利润也是竞争性选址决策的目标之一，孙元欣等研究了竞争性多设施选址问题，目标是使得原有设施与新增设施的利润之和最大。

由于国内选址模型研究的起点较高，所建立的模型一般都为NP难题，因此，在求解模型的算法方面一般没有突破性的进展，主要采用遗传算法和模拟退火算法这两种启发式算法。

第五节　运用系统分析原理解决华润万家超市选址问题

一、华润万家超市简介

华润万家超级市场有限公司（CHINA RESOURCES VANGUARD SUPERMARKET Co.Ltd.， C.R.V.）由华润超级市场有限公司和万佳百货股份有限公司整合而成，是华润（集团）有限公司旗下一级利润中心。

1984年2月14日，华润超级市场有限公司在香港成立，它的前身是华润采购有限公司，1991年开始，华润超市积极拓展内地市场，先后在深圳、苏州、天津、北京、徐州等地落户，建立区域性总部，形成了全国性的经营规模和连锁销售网络。2000年成为中国连锁业百强中的第11位。由于过于快速的扩张和价格战，2003年超市集团亏损2000万元。2004年5月，华润万佳正式对外宣布更换企业名称为华润万家，启动企业新品牌战略，打造零售业最具价值的品牌。

在启用企业新品牌后，华润万家选择了积极的扩张性圈地运动，到2004年，华润万佳在内地的大型综合性超市增至43家，拟开56家标准型超市和21家综合超市，声称将用5年时间在内地投资零售业务50亿元，实现年营业额500亿元，年利润5亿元，投资回报率达到10%的华润集团，眼下正掀开其纵横捭阖内地零售业的新篇章。

二、系统初步分析

系统初步分析的目的主要在于初步筛选出进行规范分析的目标城市，为后续的城市选择和具体店址选择做基础。非劣方案的筛选主要经历了以下步骤：首先初步确定华润万家下一步扩张的重点城市（直辖市、省会城市和经济发达地区的计划单列市，见表1和表2），然后依次依据零售市场发达程度、市场吸引力指标等评判标准筛选出备选方案（分析方法见图1）。

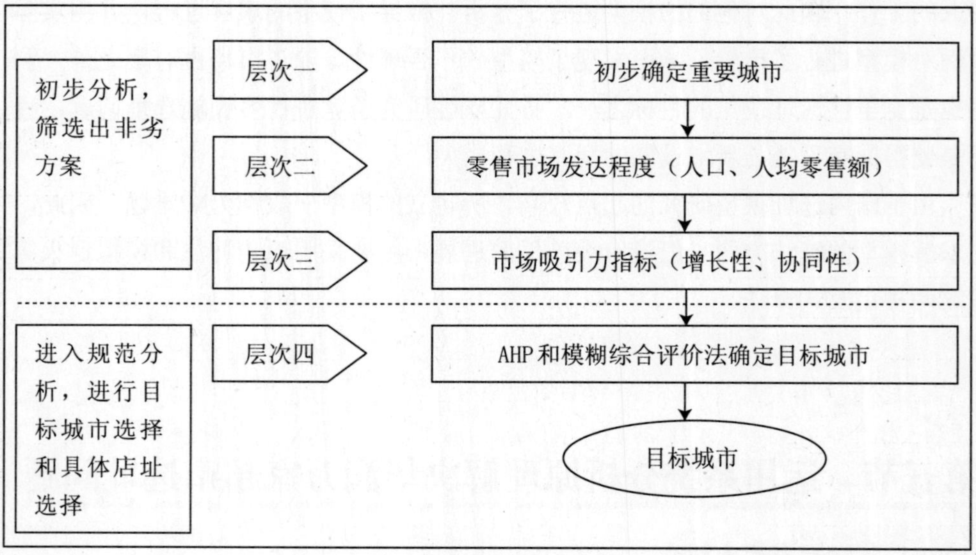

图1　城市选择方法

表1　人口与社会消费品零售总额

序号	城市名称	人口 单位：人	社会消费品零售总额 （2004年）单位：亿元	人均社会消费品零售总额 （2005年）单位：元
1	重庆	30,910,900	644	2,082
2	上海	13,216,300	1,722	13,031
3	北京	12,780,000	1,443	11,293
4	成都	10,133,000	554	5,469
5	天津	9,120,000	737	8,077
6	武汉	8,312,645	603	7,255
7	青岛	7,494,187	774	10,334
8	长春	6,995,400	311	4,449

（续上表）

9	西安	6,880,111	328	4,774
10	沈阳	6,851,000	566	8,262
11	郑州	6,250,000	346	5,530
12	杭州	6,215,800	1,851	29,778
13	济南	5,921,697	494	8,350
14	长沙	5,860,000	308	5,254
15	广州	5,666,800	1,121	19,784
16	大连	5,515,000	489	8,861
17	南京	5,448,900	420	7,705
18	昆明	4,809,000	240	4,981

表2　人口与社会消费品零售总额（续）

序号	城市名称	人口 单位：人	社会消费品零售总额 （2004年）单位：亿元	人均社会消费品零售总额 （2005年）单位：元
19	合肥	4,380,000	148	3,385
20	南昌	4,325,500	144	3,339
21	贵阳	3,374,500	109	3,216
22	太原	3,087,500	148	4,785
23	哈尔滨	3,037,000	455	14,975
24	南宁	2,943,000	150	5,083
25	兰州	2,934,400	106	3,610
26	呼和浩特	2,091,700	69	3,305
27	西宁	1,745,932	53	3,019
28	石家庄	1,668,000	331	19,837
29	乌鲁木齐	1,643,760	119	7,220
30	福州	1,484,900	551	37,079
31	厦门	1,312,700	481	36,622
32	深圳	1,249,200	847	67,822
33	银川	1,009,436	42	4,115
34	海口	573,441	74	12,855
35	拉萨	403,700	20	5,061

首先使用人口和人均零售额两个指标在初步确定的重要城市中进行选择，按照表1和表2中给出的城市分类归入图2矩阵的各个单元格中。选择的标准是人口和人均零售额“双高”的城市，在图2的零售市场发达程度矩阵中表现为矩阵右上角的成都、北京、上海、青岛、杭州、广州六个城市。

表3 人均可支配收入情况

	城市	人均可支配收入（元）			人均可支配收入水平评价	人均支配收入的增长	人均可支配收入增长的评估
		2002年	2003年	2004年			
1	厦门	9,179	9,626	10,813	1	8.5%	1
2	南京	7,018	7,964	8,233	1	8.3%	1
3	济南	6,757	7,162	8,471	1	12.0%	1
4	福州	7,363	7,414	8,300	1	6.2%	0
5	天津	7,111	7,650	8,141	1	7.0%	1
6	长沙	6,650	7,297	7,986	1	9.6%	1
7	昆明	7,955	—	7,563	1	3.5%	0
8	长春	4,750	5,110	5,568	0	8.3%	1
9	郑州	5,721	—	5,935	0	1.9%	0
10	沈阳	4,932	5,364	5,851	0	8.9%	1
11	哈尔滨	4,450	5,032	5,632	0	12.5%	1
12	大连	6,030	6,274	6,681	0	6.7%	0
13	武汉	5,913	6,262	6,761	0	6.9%	0
14	重庆	5,467	5,896	6,276	0	7.1%	1
15	石家庄	5,952	6,131	6,443	0	4.0%	0
16	海口	6,749	7,059	7,103	0	2.6%	0
17	西安	5,670	5,999	6,364	0	5.9%	0
平均				7,183		7.0%	

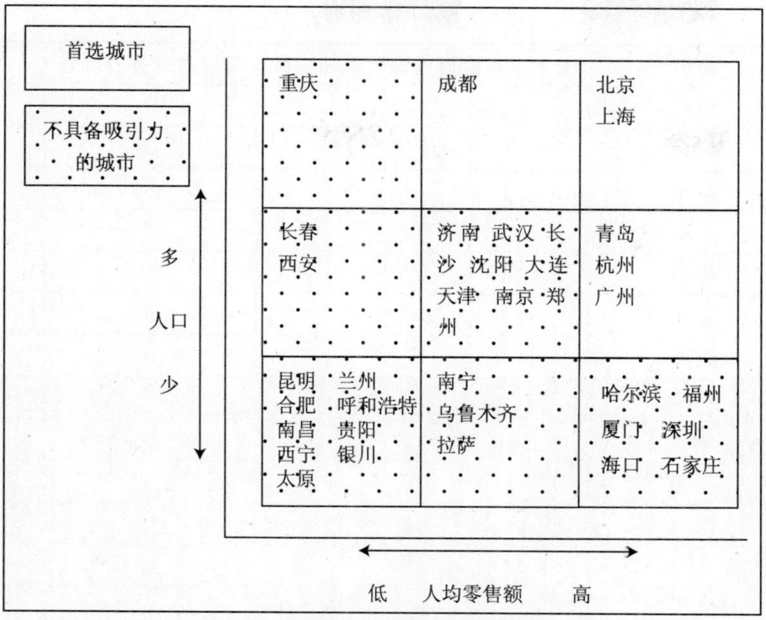

图2　零售市场发达程度矩阵

下面使用协同效应、人均可支配收入、人均可支配收入增长三个指标建立一个判断树（如图3），然后依据表3、表4的资料，在上一个环节筛选出的城市中进一步选择出有协同效应、人均可支配收入大于7183元、人均可支配收入增长大于7%的城市。符合条件的上海、成都、青岛就作为规范分析中的目标城市。

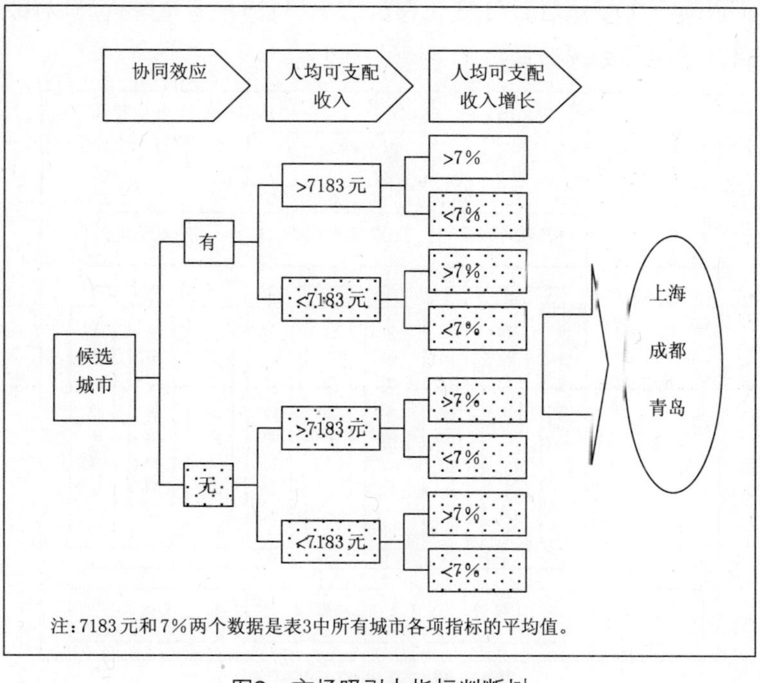

图3　市场吸引力指标判断树

表4　协同效应

	城市	与未来可能进入地区的协同性	与现有业务协同性	总体评价
1	厦门	1	0	1
2	南京	1	0	1
3	福州	1	0	1
4	上海	1	0	1
5	成都	0	1	1
6	青岛	1	0	1
7	天津	1	0	1
8	长沙	0	0	0
9	昆明	0	0	0
10	长春	0	0	0
11	郑州	0	0	0
12	沈阳	0	0	0
13	哈尔滨	0	0	0
14	西安	0	0	0

三、目标城市选择

在研究了华润万家的企业愿景后，我们结合零售学专业知识建立了如下（见图4）的AHP评价模型，求出了各个项目的权重，继而建立了模糊综合评价表对上海、成都、青岛三个城市进行打分（表7、表8和表9）。最终青岛以76.68的最高分成为华润万家的最终选择城市。

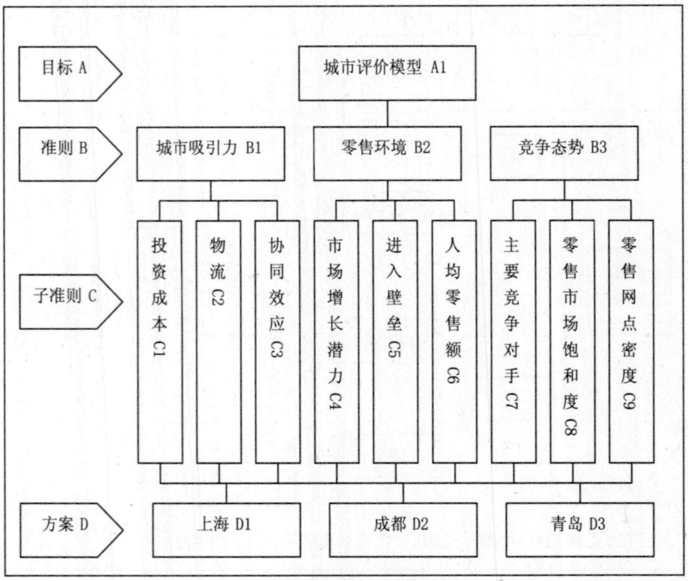

图4　城市评价的AHP模型

表5　城市选择的权重计算

A1	B1	B2	B3	Wio	B1	C1	C2	C3	Wio
B1	1	5	3	0.42	C1	1	2	2	0.38
B2	1/5	1	1/3	0.23	C2	1/2	1	2	0.34
B3	1/3	3	1	0.35	C3	1/2	1/2	1	0.28
B2	C4	C5	C6	Wio	B3	C7	C8	C8	Wio
C4	1	1/3	2	23	C7	1	4	7	0.59
C5	3	1	5	65	C8	1/4	1	6	0.35
C6	1/2	1/5	1	12	C8	1/7	1/6	1	0.06

表6　城市评价权重计算结果

评价项目	所占权重
C1：投资成本	0.16
C2：物流	0.14
C3：协同效应	0.12
C4：市场增长潜力	0.05
C5：进入壁垒	0.15
C6：人均零售额	0.03
C7：主要竞争对手	0.21
C8：零售市场饱和度	0.12
C9：零售网点密度	0.02

表7　城市评价——上海

评价结果 评价项目及其权重	100	80	60	40
投资成本（0.16）	0	0	1（0.2）	4（0.8）
物流（0.14）	2（0.4）	3（0.6）	0	0
协同效应（0.12）	2（0.4）	3（0.6）	0	0
市场增长潜力（0.05）	0	1（0.2）	3（0.6）	1（0.2）
进入壁垒（0.15）	0	1（0.2）	3（0.6）	1（0.2）
人均零售额（0.03）	4（0.8）	1（0.2）	0	0
主要竞争对手（0.21）	0	0	2（0.4）	3（0.6）
零售市场饱和度（0.12）	0	0	1（0.2）	4（0.8）
零售网点密度（0.02）	0	0	1（0.2）	4（0.8）

（续上表）

综合隶属度	0.344	0.202	0.264	0.19
综合得分（上海）	73.56			

备注：

1. 表中数据含义为：评价结果（该结果的隶属度）；
2. 有些评价项目，如主要竞争对手、零售市场饱和度和零售网点密度等指标，竞争对手越强，饱和度越高，网点越密集，则得分越低。

表8　城市评价——成都

评价结果 评价项目及其权重	100	80	60	40
投资成本（0.16）	1（0.2）	3（0.6）	1（0.2）	0
物流（0.14）	0	4（0.8）	1（0.2）	0
协同效应（0.12）	0	0	2（0.4）	3（0.6）
市场增长潜力（0.05）	3（0.6）	2（0.4）	0	0
进入壁垒（0.15）	0	2（0.4）	3（0.6）	0
人均零售额（0.03）	0	1（0.2）	4（0.8）	0
主要竞争对手（0.21）	0	0	3（0.6）	2（0.4）
零售市场饱和度（0.12）	0	2（0.4）	3（0.6）	0
零售网点密度（0.02）	0	2（0.4）	3（0.6）	0
综合隶属度	0.064	0.432	0.348	0.156
综合得分（成都）	68.08			

备注：

1. 表中数据含义为：评价结果（该结果的隶属度）；
2. 有些评价项目，如主要竞争对手、零售市场饱和度和零售网点密度等指标，竞争对手越强，饱和度越高，网点越密集，则得分越低。

表9　城市评价——青岛

评价结果 评价项目及其权重	100	80	60	40
投资成本（0.16）	0	3（0.6）	2（0.4）	0
物流（0.14）	2（0.4）	3（0.6）	0	0
协同效应（0.12）	1（0.2）	3（0.6）	1（0.2）	0
市场增长潜力（0.05）	2（0.4）	3（0.6）	0	0
进入壁垒（0.15）	3（0.6）	2（0.4）	0	0
人均零售额（0.03）	1（0.2）	4（0.8）	0	0
主要竞争对手（0.21）	0	2（0.4）	3（0.6）	0

（续上表）

零售市场饱和度（0.12）	0	2（0.4）	3（0.6）	0
零售网点密度（0.02）	0	2（0.4）	3（0.6）	0
综合隶属度	19.6	35.35	21.72	0
综合得分（青岛）	76.68			

备注：

1. 表中数据含义为：评价结果（该结果的隶属度）；

2. 有些评价项目，如主要竞争对手、零售市场饱和度和零售网点密度等指标，竞争对手越强，饱和度越高，网点越密集，则得分越低。

四、店址选择

经过调查分析，初步选定了三个典型的店址，它们是：

A地区：位于市南郊商业中心，附近两公里内有两个中型购物中心；消费者由不同年龄段人口构成，人口密度大，包括附近的居民和流动人口，消费能力普遍偏高；交通方便，但没有大面积停车场，商圈大；店面租金贵，成本较大。

B地区：位于东郊居民区，附近分布两个中型居民住宅区和两所大学，三公里内有两家大型超市，5家便利店；消费者多由附近居民组成，流动性较小，消费能力中等；交通极为方便，有大面积停车场便于顾客购物和物流配送；店面租金便宜，成本偏低。

C地区：位于新兴产业园内，园内分布大中型企业若干家，消费者以企业员工为主导，消费习惯一定，零售状况比较稳定，消费能力较高；交通便利，多为步行；店面租金较贵，成本一般。

根据图5的店址评价的AHP模型，用模糊综合评价法得出地区A的得分最高，为最终的选址地点。

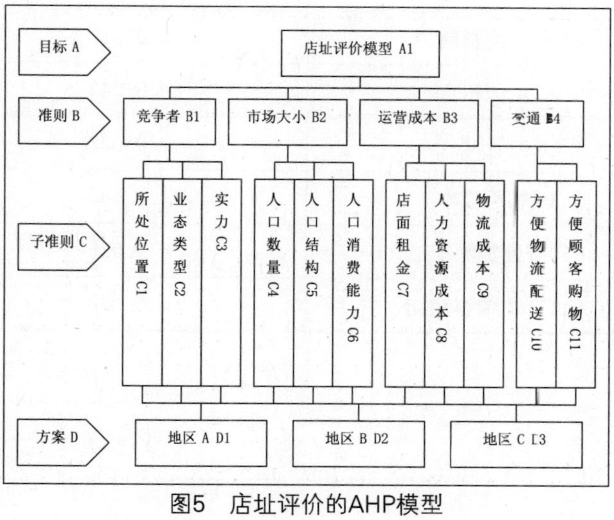

图5　店址评价的AHP模型

表10　店址选择模型的权重计算

A1	B1	B2	B3	B4	Wio	B1	C1	C2	C3	Wio
B1	1	1/3	1/2	3	0.18	C1	1	2	1/3	0.25
B2	3	1	2	4	0.47	C2	1/2	1	1/3	0.16
B3	2	1/2	1	2	0.25	C3	3	3	1	0.59
B4	1/3	1/4	1/2	1	0.10					
B2	C4	C5	C6	Wio		B3	C7	C8	C9	Wio
C4	1	2	1/4	0.20		C7	1	2	1/5	0.17
C5	1/2	1	1/5	0.12		C8	1/2	1	1/7	0.09
C6	4	5	1	0.68		C9	5	7	1	0.74
B4	C10	C11	Wio							
C10	1	1/3	0.25							
C11	3	1	0.75							

表11　店址选择模型的权重计算结果

评价项目	所占权重
C1所处位置	0.045
C2业态类型	0.029
C3实力	0.106
C4人口数量	0.094
C5人口结构	0.056
C6人口消费能力	0.319
C7店面租金	0.043
C8人力资源成本	0.023
C9物流成本	0.185
C10方便物流配送	0.025
C11方便顾客购物	0.075

表12　方案评价——A地区

评价项目及其权重 \ 评价结果	100	80	60	40
所处位置（0.045）	0	0	2（0.4）	3（0.6）
业态类型（0.029）	0	1（0.2）	3（0.6）	1（0.2）
实力（0.106）	0	2（0.4）	3（0.6）	0
人口数量（0.094）	4（0.8）	1（0.2）	0	0
人口结构（0.056）	3（0.6）	1（0.2）	0	0
人口消费能力（0.319）	4（0.8）	1（0.2）	0	0
店面租金（0.043）	0	0	1（0.2）	4（0.8）
人力资源成本（0.023）	0	0	3（0.6）	2（0.4）
物流成本（0.185）	0	0	1（0.2）	4（0.8）
方便物流配送（0.025）	0	0	2（0.4）	3（0.6）
方便顾客购物（0.075）	4（0.8）	1（0.2）	0	0
综合隶属度	0.424	0.1682	0.1684	0.2394
综合得分（A）	75.54			
备注： 1. 表中数据含义为：评价结果（该结果的隶属度）； 2. 有些评价项目，如所处位置、业态类型和实力等指标，竞争对手越强，饱和度越高，网点越密集，则得分越低。				

表13　方案评价——B地区

评价项目及其权重 \ 评价结果	100	80	60	40
所处位置（0.045）	1（0.2）	2（0.4）	2（0.4）	0
业态类型（0.029）	1（0.2）	2（0.4）	2（0.4）	0
实力（0.106）	2（0.4）	3（0.6）	0	0
人口数量（0.094）	0	2（0.4）	3（0.6）	0
人口结构（0.056）	1（0.2）	2（0.4）	2（0.4）	0
人口消费能力（0.319）	0	1（0.2）	2（0.4）	2（0.4）
店面租金（0.043）	2（0.4）	2（0.4）	1（0.2）	0
人力资源成本（0.023）	2（0.4）	2（0.4）	1（0.2）	0
物流成本（0.185）	3（0.6）	2（0.4）	0	0
方便物流配送（0.025）	3（0.6）	2（0.4）	0	0

（续上表）

方便顾客购物（0.075）	1（0.2）	2（0.4）	2（0.4）	0
综合隶属度	0.193	0.336	0.343	0.128
综合得分（B）	71.88			

备注：
1. 表中数据含义为：评价结果（该结果的隶属度）；
2. 有些评价项目，如所处位置、业态类型和实力等指标，竞争对手越强，饱和度越高，网点越密集，则得分越低。

表14　方案评价——C地区

评价项目及其权重 \ 评价结果	100	80	60	40
所处位置（0.045）	1（0.2）	2（0.4）	2（0.4）	0
业态类型（0.029）	1（0.2）	2（0.4）	2（0.4）	0
实力（0.106）	2（0.4）	3（0.6）	0	0
人口数量（0.094）	0	1（0.2）	2（0.4）	2（0.4）
人口结构（0.056）	0	2（0.4）	3（0.6）	0
人口消费能力（0.319）	1（0.2）	2（0.4）	1（0.2）	1（0.2）
店面租金（0.043）	1（0.2）	2（0.4）	2（0.4）	0
人力资源成本（0.023）	0	0	3（0.6）	2（0.4）
物流成本（0.185）	1（0.2）	3（0.6）	1（0.2）	0
方便物流配送（0.025）	2（0.4）	3（0.6）	0	0
方便顾客购物（0.075）	2（0.4）	2（0.4）	1（0.2）	0
综合隶属度	0.2026	0.4444	0.2516	0.1014
综合得分（C）	74.964			

备注：
1. 表中数据含义为：评价结果（该结果的隶属度）；
2. 有些评价项目，如所处位置、业态类型和实力等指标，竞争对手越强，饱和度越高，网点越密集，则得分越低。

五、冲突分析

选址的分析完成了，但整个项目并不能算正式结束，在零售学里，超市选址很大程度上与其SBU层战略是相互影响、相互联系的。可以说店址与公司层战略共同决定了SBU层战略。华润万家素有“价格杀手”的称号，在各商圈与对手的竞争中，频频使用价格利器，搅得硝烟弥漫，杀声四起。从营销学来看，价格利器在刺伤对手的同时，也削弱了企业的毛利率，刺伤了自己！对于这样一家大打价格战的新进企业，原有终端到底会怎么做呢？华润万家到底怎样做才是最合理的呢？所以我们预测了下面这个很有可能发生的冲突过程。

冲突的时间点为A（华润万家）在青岛的门店开业后，由于采取了低价策略，A所出售的S公司（供应商）的商品比B（本地一家零售企业）出售的同类产品便宜，这对B的市场份额造成了一定冲击。B警告S，要求S向A施压，迫使其提高价格，否则S的产品在B超市将做下柜处理。在以本地零售企业、供应商和华润万家（分析最有影响力的一家）为局中人的冲突分析中，各自可选择的对策以及期望如表15。在删除了不可行结局，优先序排列后进行了稳定性分析，最后得出冲突的最终结局：B首先向S施加压力，S迫于B的压力，不给A供货，直到A提升S公司产品销售价格，A不想中断与S的合作，最终提高了S公司产品的销售价格。所以我们建议华润万家这种扩张型零售企业选择一个尽量避免价格战的灵活的SBU层经营战略。

表15　各局中人的对策和期望

局中人	对策	期望
B（本地一家零售企业）	1. 降价 2. 要求S不给A供货	希望通过给S施加压力让S不给A供货。
S（供应商）	1. 迫使A提价 2. 放弃与B的合作	降价并非最优选择，不愿意放弃与任何一方的合作。
A（华润万家）	1. 提价 2. 放弃与S的合作	希望在现有价格战略基础上维持与S的关系。

表16　不可行结局

不可行结局	结局类型		结局含义
（00————）	局中人自身	策略的优先选择上不可能出现	B在迫使S不给A供货这个目的没有达到的情况下什么对策都不采取是不可能的。
（——00——）	局中人自身	策略的优先选择上不可能出现	S面对B的强大压力，必定要采取一定的行动，而不会什么行动都不采取。
（——11——）	局中人自身	逻辑推理上不可能形成	S不会采取放弃与B合作而且同时迫使A提价的行动，这样会使它一下子失去两条销售渠道。

（续上表）

（————00）	局中人自身	策略的优先选择上不可能出现	A面对冲突，必定要采取一定的行动，而什么对策都不采取是非常不明智的。
（————11）	局中人自身	逻辑推理上不可能形成	A不可能同时放弃与S的合作并且将产品做提价处理，这不合乎逻辑。
（1——1——）	局中人相互之间	在合作上不可行	B做出降价这一举动对S没有什么影响，所以S不可能放弃与B的合作。

表17　可行结局

局中人及行动	可行结局							
B（本地一家零售企业）降价	1	0	1	0	1	0	1	0
要求S不给A供货	0	1	1	1	0	1	1	1
S（供应商）迫使A提价	1	1	1	0	1	1	1	0
放弃与B的合作	0	0	0	1	0	0	0	1
A（华润万家青岛店）提价	1	1	1	1	0	0	0	0
放弃与S的合作	0	0	0	0	1	1	1	1
十进制数	21	22	23	26	37	38	39	42

表18　B的优先序

局中人及行动	B的优先序							
B（本地一家零售企业）降价	0	0	1	1	1	1	0	0
要求S不给A供货	1	1	1	1	0	0	1	1
S（供应商）迫使A提价	1	1	1	1	1	1	0	0
放弃与B的合作	0	0	0	0	0	0	1	1
A（华润万家青岛店）提价	0	1	0	1	0	1	0	1
放弃与S的合作	1	0	1	0	1	0	1	0
十进制数	38	22	39	23	37	21	42	26
B（本土零售企业）的期望：希望通过给S施加压力让S不给A供货，以垄断商圈内S公司的产品销售或者迫使A提升销售价格。								

表19　S的优先序

局中人及行动	S的优先序							
B（本地一家零售企业）降价	1	0	1	0	1	1	0	0
要求S不给A供货	0	1	1	1	0	1	1	1
S（供应商）迫使A提价	1	1	1	1	1	1	0	0
放弃与B的合作	0	0	0	0	0	0	1	1
A（华润万家青岛店）提价	1	1	1	0	0	0	1	1
放弃与S的合作	0	0	0	1	1	1	0	1
十进制数	21	22	23	38	37	39	42	26
S（供应商）的期望：不希望放弃与任何一方的合作关系。								

表20　A的优先序

局中人及行动	A的优先序							
B（本地一家零售企业）降价	0	0	1	1	0	1	0	1
要求S不给A供货	1	1	1	0	1	1	1	0
S（供应商）迫使A提价	0	1	1	1	0	1	1	1
放弃与B的合作	1	0	0	0	1	0	0	0
A（华润万家青岛店）提价	1	1	1	1	0	0	0	0
放弃与S的合作	0	0	0	0	1	1	1	1
十进制数	26	22	23	21	42	39	38	37
A（华润万家）的期望：希望在现有定价的基础上维持与S的合作关系。								

表21　稳定性分析

B:								
个体稳定	R	R	u	u	U	u	r	r
优先序	38	22	39	23	37	21	42	26
UI			38	22	38	23		
					39	22		
S:								
个体稳定	R	R	r	r	R	r	u	u
优先序	21	22	23	38	37	39	42	26
UI							22	38
A:								
个体稳定	R	R	r	r	S	u	u	u
优先序	26	22	23	21	42	39	38	37
UI					26	23	22	21
E＝22								

第六节　国美的选址策略

鹏润投资（国美电器）有限公司

制度名称	新门店及库房选址管理规定	文件编号	鹏润—连锁002

1. 目的：

新门店的选择过程是一项十分复杂的工作，关系到日后经营工作的质量，为使工作有章可循，达到规范化标准，特制定本规定。

2. 范围：

2.1适用范围：

本规定适用于鹏润投资连锁发展中心电器开发部和分部连锁发展部。

2.2发布范围：

鹏润投资各中心、各部门、各级子公司。

3. 名词解释：（无）

4. 职责：

4.1公司总裁/副总裁负责新门店及库房选址最终审批。

4.2连锁发展中心电器开发部负责新门店及库房选址的督导、审核。

4.3分部连锁发展部负责新门店及库房选址工作。

5. 作业内容：

5.1选址的三大要素：

在前期的市调和论证已相当充分，并已明确制定某一商圈或二级市场的开店计划后，将进入实质性的选址阶段，选址工作必须把握三大核心要素：

A．位置：无论是分部所在城市还是二级市场的开发，卖场选址中位置是首先考虑的要素，商圈、客流、家电销售氛围、交通便利、突出的形象是决定经营成败的关键。

B．店面形象与卖场结构：备选项目店一定要有突出的外观形象、丰富的广告位资源，门口有停车位及促销空间；卖场的结构要适合经营家电，无过多立柱、无死角，能够按公司标准进行商品布局，为消费者创造一个良好的购物环境。

C．租金：房租是经营中最沉重的负担，由于家电零售业已进入微利经营的时代，所以租金一定要合理，原则上要求将租金控制在预期营业额的1%以内。

各分部在选址时一定要本着位置→结构→租金顺序考虑的原则，首先要明确在哪个区域（某条街、某个路段）开店，其次是在该区域内选择适合做大卖场的商城，第三是将符合要求的商城以最低的租金谈下来。

5.2选择新门店的基本要求：

5.2.1地理位置：（特殊情况须详细说明）

生效日期	2004年4月1日	页次	1/4	附件数	4个

制度名称	新门店及库房选址管理规定	文件编号	鹏润—连锁002

A. 一级市场应进入次商圈或核心商圈，力求在较低租金成本下，又能利用商圈人气，吸引客流。鼓励与国际知名连锁企业的门店为邻，共同分享客流资源。

B. 店址前应有一条主街道，最好是进出商圈的必经之路或主要通道，利于突出形象，吸纳客流。

C. 店址方圆200米内，至少应有8条公交线路通过并有站点设置。

D. 店址正面道路应是双向街道，原则上不选单行道、步行街或严管街，以保证交通畅通。

5.2.2店面条件：

5.2.2.1面积：

A. 一级市场：3000—4000平方米（不含办公区、库房等临界营业面积）。

B. 二级市场可依据情况增大或缩小营业面积（可能只开一家中心店），必须做到深入核心商圈、设施全、条件优、形象好，有发展空间。

5.2.2.2楼层（优先次序）：（如有特殊情况须详细说明）

A. 主一层带二层。

B. 主一层（视房租成本）。

C. 主一层带地下一层。

D. 主一层带二层和地下一层。

E. 主一层带二层和三层。

5.2.2.3结构：

A. 以适合于商场经营的框架结构为首选。

B. 以可独立经营的建筑为首选，如是“店中店”必须有突出的外立面形象,独立进出的商场大门，可进行封闭的经营和管理，商场内无同业对手，最好经营项目有互补性。

5.2.2.4层高：

卖场内净空高度原则上不少于2.8米（吊顶后）。

5.2.2.5通道：

至少有2部步梯通往不同楼层，每部宽度不应低于2米，其中至少有1部步梯位于卖场内。如有电动扶梯更佳。

5.2.2.6库房：

应有配套库房350平方米左右（二级市场独立开店的配套车房应适当增大），确保存货安全，提货便捷。

5.2.2.7设施：

A. 应有符合国家消防标准的消防设备及附属设备。

B. 应有符合国家标准的烟感报警系统。

C. 符合标准的照明系统。

D. 常规供水系统。

生效日期	2004年4月1日	页次	2/4	附件数	4个

制度名称	新门店及库房选址管理规定	文件编号	鹏润—连锁002

E．独立使用并可向顾客开放的洗手间。

F．足够的电话线路。

5.2.2.8停车位：商场前应具备20个以上停车位。

5.2.2.9免费提供门前充足的促销活动场地（200平方米或以上）。

5.2.2.10商场外部形象：

A．商场正面宽度应不少于30米。

B．商场正面应免费提供不少于200平方米的广告位置，用于设立“门头”、做形象宣传或向厂家出租。

C．商场正面应可独立装修，突出国美统一的VI形象。

5.2.2.11供电能力：

出租方应提供每平方米不低于0.07千伏安的供电保障（不包括设备用电），用于样机演示和商场照明。

5.2.2.12租赁资质：

A．出租方必须具备房屋产权、出具产权证明，产权无抵押。

B．出租方必须具备房屋出租权，出具房屋出租许可证，并承担纳税责任。

C．出租方必须是独立法人单位，具备独立对外签署租赁合同的资格或有上级授权。

D．出租方必须具备独立进行物业管理和房产维修能力。

E．出租方必须允许承租方对承租场地进行独立装修，封闭管理，自主经营。

5.2.3合作方式：

5.2.3.1一、二级城市均以租赁为主。

5.2.3.2出租方应具备的条件：

A．出租方应对承租方的经营给予支持和配合，出具必要的证明、手续。

B．出租方不得将同址其他场地租赁给予承租方经营范围相同的商业经营。

C．出租方应有能力帮助承租方处理与当地主管机关的公共关系。

D．出租方应提供符合国家要求的房屋租赁发票。

D．出租方的房屋租金不能有租金年递增要求（根据谈判条件制定）。

5.2.4店间距离：

A．一级市场要甄别中心商业区和区域性商圈，分部要有明确的布点战略，原则上门店的间距应不少于4公里。

B．二级市场只能在中心商业区开店，一般数量1—2家，具有两个以上主要商业圈的城市才能开两家店，主要商圈之间要有足够的距离。

5.2.5单店辐射范围：

A．单店辐射的有效消费群体应达到70万人以上（视当地的人均消费水平）。

B．店与店之间，对消费群体的有效辐射应避免重复。

5.3选择新库房的基本要求：

生效日期	2004年4月1日	页次	3/4	附件数	4个

制度名称	新门店及库房选址管理规定	文件编号	鹏润—连锁002

5.3.1地理位置：

A. 位于市区边缘地带。

B. 距离市中心不超过15公里车程。

C. 有交通干线通往市区，中途无收费站，无拥挤堵塞，保证昼夜畅通。

5.3.2合作方式：以租赁形式为主。

A. 租用现有库房。

B. 定制，我方提出规格条件，由对方建造，我方承租。建造的规格条件由物流部门提出。

C. 以定制的方式承租时，必须先行租赁周转库房。

5.3.3库房条件：

A. 出租方必须具有房屋产权，只拥有出租权的，必须具有产权人的授权确认书。

B. 必须是平层。

C. 房屋状况良好，符合国家有关库房安全的标准，并通过验收。

D. 面积以单店2500—3000平方米进行累计，同等条件下，有面积扩大空间的优先考虑。

E. 有独立封闭管理的条件。

F. 具有24小时车辆出入的条件。

G. 提供必备的办公场所和生活场所。

H. 库区内有环行车行道。

I. 必须具有装卸平台。

J. 有5部以上直线电话。

K. 有计算机上网的线路或条件。

6. 注意事项：（无）

7. 附件：

7.1新库房的基本情况表

7.2××分部所辖区域（城市人口）70万以上城市可选卖场分布及变动情况表（调查表）

7.2.1（城市状况）调查表

7.2.2（商圈状况）调查表

7.2.3（卖场结构及设施）调查表

7.2.4（交通及辐射状况）调查表

7.3分部卖场选址情况分析表

7.4××分部所辖区域（城市人口）70万以上城市可选卖场分布及变动情况表

生效日期	2004年4月1日	页次	4/4	附件数	4个

附件7.1

新库房的基本情况表

项目	内容
库房名称	
地理位置	
库房类型	
交通状况	
库房产权	
库房条件	
面积（平方米）	
租金〔元 / (平方米 · 月)〕	
结构	
消防设施	
照明系统	
管理方式	
车辆出入条件	
提供办公场所	
提供生活场所	
通道情况	
供水情况	
供电情况	
租赁资质	
可租赁年限	
其他情况	

填报人:　　　　　　　　　　　　　　　　　　　　日期:　　年　　月　　日

附件7.2.1××分部所辖区域（城市人口）70万以上城市可选卖场分布及变动情况表（城市状况）调查表

分部名称：＿＿＿＿＿＿　城市名称：＿＿＿＿＿＿　市场类别：＿＿＿＿＿＿

注：在（　）内打“√”选择

人均GDP	（　）10000元以上 （　）9500—10000元 （　）8500—9500元 （　）8500元以下	城镇居民人均可支配收入	（　）6500元以上 （　）5500—6500元 （　）5000—5500元 （　）5000元以下
城镇与农业人口比例	（　）40%以上 （　）35%—40% （　）25%—35% （　）20%—25% （　）20%以下	城市总人口	（　）100万以上 （　）80万—100万 （　）60万—80万 （　）40万—60万 （　）40万以下
城市发展定位及方向	（　）区域经济、金融、商贸、旅游、文化、服务、交通枢纽、物流中心 （　）地区性经济、商贸、文化、服务、交通枢纽或大型矿产开发和专业化工业产品制造、物流中心 （　）地区性商贸、服务、交通枢纽或大中型工业产品制造、加工、物流中心 （　）不是地区经济商贸中心或缺乏支柱产业的城市	基础设施	（　）房产开发、供电、供水、供暖、电讯、邮电通信、文化、教育、市政、保险、酒店等城市基础设施配套发达 （　）房产开发、供电、供水、供暖、电讯、邮电通信、文化、教育、市政、保险、酒店等城市基础设施齐全但质量不高 （　）房产开发、供电、供水、供暖、电讯、邮电通信、文化、教育、市政、保险、酒店等城市基础设施不齐全 （　）城市基础设施配套不全，质量差

商品零售价	（ ）高于全国平均价格10%以上 （ ）高于全国平均价格1%—10% （ ）等于全国平均价格 （ ）低于全国平均价格1%—5% （ ）低于全国平均价格5%以下	家电销售行业竞争情况	（ ）价格竞争活动不多或不强，商场位置较好，装修档次一般，与家电厂家的关系一般，经营面积6000平方米以上，年销售额2.5亿元以上 （ ）有一定的价格竞争活动，商场位置好，装修档次较高，与家电厂家的关系不错，经营面积5000平方米左右，年销售额2亿元以上 （ ）价格竞争活动较多，商场位置非常好，装修档次一般，与家电厂家的关系好，经营面积5000平方米左右，年销售额1.5亿元左右 （ ）价格竞争活动频繁，商场位置非常好，装修档次高，与家电厂家的关系非常好，经营面积4000平方米左右，年销售额1亿元左右
政府开放程度	（ ）没有地方保护主义，办事程序简单，效率高，廉洁勤政 （ ）有一定程度的地方保护主义，办事程序比较复杂，效率较高 （ ）地方保护主义严重，办事程序复杂，效率低		
全市主要商业企业年销售额	（ ）百货业销售额5亿元以上，家电业销售额3亿元以上 （ ）百货业销售额4亿—5亿元，家电业销售额2.5亿—3亿元 （ ）百货业销售额3亿—4亿元，家电业销售额2亿—2.5亿元 （ ）百货业销售额3亿元以下，家电业销售额2亿元以下	人力资源	（ ）当地连锁零售商业、家电生产销售企业人才多 （ ）当地零售商业企业人才或家电销售公司人才较多 （ ）当地商业企业人才较多 （ ）当地零售商业企业人才或家电销售公司人才少

交通状况	（　）机场、高速公路、铁路、航运全通，公路、铁路、航运在该城市辐射区域内网线密度大，布局合理 （　）高速公路、铁路通达，公路、铁路在该城市辐射区域内网线密度大，布局合理 （　）国家一级公路、铁路通达，省级公路在该城市辐射区域内网线密度一般，布局合理 （　）国家一级公路通达，省级公路在该城市辐射区域内网线布局不合理	商业业态权重7%	（　）有传统大型百货商场、综合连锁超市、大卖场、个体家电市场等各类业态，并分散经营家电产品 （　）有区域性家电连锁商场、大中型百货商场等业态，并分散经营家电产品 （　）有全国性家电连锁商场、大型现代百货商场等业态，重点经营家电产品 （　）没有大型百货商场、综合连锁超市、大卖场、家电连锁商场等业态，商业氛围不足
购买力	年人均可支配收入6500元以下的城市选择标准： （　）年家电消费占人均可支配收入的20%以上 （　）年家电消费占人均可支配收入的15%—20% （　）年家电消费占人均可支配收入的10%—15% （　）年家电消费占人均可支配收入的6%—10% （　）年家电消费占人均可支配收入的6%以下	供应商情况	（　）大多以厂家直销为主 （　）大多以个体经销商为主 （　）大多以区域总代理销售为主
		媒体情况	（　）本地媒体的收视率、阅读率、收听率60%以上，集中影响面广 （　）本地媒体的收视率、阅读率、收听率40%以上，影响面较广 （　）本地媒体的质量不高，收视率、阅读率、收听率底
	年人均可支配收入6500元以上的城市选择标准： （　）年家电消费占人均可支配收入的15%以上 （　）年家电消费占人均可支配收入的10%—15% （　）年家电消费占人均可支配收入的6%—10% （　）年家电消费占人均可支配收入的6%以下	对外交流与信息	（　）常年有各类大型行业展览会，有本地特色的产品博览会或交易会，独特的城市文化节日等 （　）有本地特色的产品博览会或交易会，独特的城市文化节日等 （　）没有本地特色的产品博览会或交易会，没有独特的城市文化节日等

附件7.2.2××分部所辖区域（城市人口）70万以上城市可选卖场分布及变动情况表（商圈状况）调查表

城市名称：______ 市场类别：______ 卖场名称：______ 商圈名称：______

注：在（ ）内打“√”选择

商圈类别	（ ）复合商圈 （ ）专业商圈 （ ）自创商圈		商圈级别	（ ）核心商圈 （ ）次商圈 （ ）卫星商圈 （ ）零商圈
商圈内各类商场的营业面积	类型： 百货商场 名称： ______	（ ）15000平方米以上 （ ）10000—15000平方米 （ ）6000—10000平方米 （ ）6000平方米以下	类型： 大卖场 名称： ______	（ ）15000平方米以上 （ ）10000—15000平方米 （ ）6000—10000平方米 （ ）6000平方米以下
	类型： 综合超市 名称： ______	（ ）6000平方米以上 （ ）4000—6000平方米 （ ）2500—4000平方米 （ ）2500平方米以下	类型： 家电商场或个体家电市场 名称： ______	（ ）4000平方米以上 （ ）3000—4000平方米 （ ）2000—3000平方米 （ ）2000平方米以下
	类型： 餐饮 数量： 单店或商圈内全部店总和 名称： ______	（ ）最大店1500平方米以上，或总和3000平方米以上 （ ）最大店800—1500平方米，或总和1800—3000平方米 （ ）最大店300—800平方米，或总和800—1800平方米； （ ）最大店300平方米以下，或总和800平方米以下	类型： 文化娱乐 数量： 单店或商圈内各类娱乐店的总和 名称： ______	（ ）最大店1000平方米以上，或总和3000平方米以上 （ ）最大店600—1000平方米，或总和2000—3000平方米 （ ）最大店300—600平方米，或总和800—2000平方米 （ ）最大店300平方米以下，或总和800平方米以下
商圈各类商场的年销售额	类型： 百货商场 数量： 单店 名称： ______	（ ）最大店3.5亿元以上，或多店总和5亿元以上 （ ）最大店2.5亿—3.5亿元，或多店总和3.5亿—5亿元 （ ）最大店2亿—2.5亿元，或多店总和2.5亿—3.5亿元 （ ）最大店2亿元以下，或多店总和2.5亿元以下	类型： 大卖场 数量： 单店 名称： ______	（ ）单店4亿元以上 （ ）单店3亿—4亿元 （ ）单店2亿—3亿元 （ ）单店2亿元以下

	类型：综合超市 数量： 单店 名称：________	（　）最大店2亿元以上，或多店总和4亿元以上 （　）最大店1.5亿—2亿元，或多店总和3亿—4亿元 （　）最大店1亿—1.5亿元，或多店总和2亿—3亿元 （　）最大店1亿元以下，或多店总和2亿元以下	类型：家电商场或个体家电市场 数量： 单店 名称：________	（　）最大店2.5亿元以上，或多店总和3.5亿元以上 （　）最大店1.5亿—2.5亿元，或多店总和2.5亿—3.5亿元 （　）最大店1亿—1.5亿元，或多店总和2亿—2.5亿元 （　）最大店1亿元以下，或多店总和2亿元以下
	类型：餐饮 数量： 单店或商圈内全部店总和 名称：________	（　）最大店1500万元以上，或多店总和3000万元以上 （　）最大店800万—1500万元，或多店总和1500万—3000万元 （　）最大店200万—800万元，或多店总和800万—1500万元 （　）最大店200万元以下，或多店总和800万元以下	类型：文化娱乐 数量： 单店或商圈内各类娱乐店的总和 名称：________	（　）最大店800万元以上，或多店总和1500万元以上 （　）最大店400万—800万元，或多店总和800万—1500万元 （　）最大店200万—400万元，或多店总和300万—800万元 （　）最大店200万元以下，或多店总和300万元以下
	商圈定位	（　）中高档商圈 （　）高档商圈 （　）中档商圈 （　）低档商圈	购物形态	（　）一站式购物 （　）休闲娱乐式购物 （　）随机性便利式购物
	商圈购物群体状况	（　）本地购物人群占85%以上 （　）本地购物人群占65%—85% （　）本地购物人群占50%—65% （　）本地购物人群占50%以下	本卖场在该商圈中离最大人气最旺的商场距离	（　）与最大人气最旺的商场连体或上下层近贴经营 （　）与最大人气最旺的商场50米内，或对面经营 （　）与最大人气最旺的商场100米内，对街或拐角经营 （　）与最大人气最旺的商场100米以外，不在同一条街道经营

制表人：　　　　　　　　　　　　　　　　　　　　审核：

注：1. “复合商圈”：指该商圈同时经营日用百货、服装鞋帽、餐饮服务、家用电器等各类产品

2. “专业商圈”：指该商圈主要经营日用百货、服装鞋帽、餐饮服务、家用电器等其中某一大类产品

3. “自创商圈”：指原本无商圈，根据调查分析及根据城市发展规划，认为可自己开发

的商圈或与其他行业联合进入一个新的城市规划区来重新创造新商圈。

4. “零商圈”：指该卖场不在任何商圈的范畴内。

附件7.2.3××分部所辖区域（城市人口）70万以上城市可选卖场分布及变动情况表（卖场结构及设施）调查表

城市名称：______ 市场类别：______ 卖场类别：______ 卖场名称：______

注：在（ ）内打“√”

卖场全部楼层	（ ）2层 （ ）1层 （ ）3层 （ ）4层	卖场楼层组合	（ ）主一层带二层 （ ）主一层，主一层带地下一层 （ ）主一层带二层和地下一层，主一层带二层和三层 （ ）主一层带二层和地下一层、二层，主一层带二层、三层和四层
卖场楼层结构	（ ）框架结构，通透性强，中间只有立柱，没有拐角、死角 （ ）框架结构与板块房屋型结构相结合，大约20%的面积有隔墙或死角 （ ）板块房屋型结构，50%以上的面积有隔墙或死角	卖场外墙位置	（ ）卖场处十字路口，两面外墙临主街道70米以上 （ ）卖场单面外墙临主街道50—70米 （ ）卖场单面外墙临主街道30—50米 （ ）卖场单面外墙临主街道15—30米以下
卖场通道	（ ）两部以上宽度1米电动扶梯，两个以上2米宽的步行楼梯，一部以上电动货梯，两个以上消防通道 （ ）一部宽度1米的上行电动扶梯，两个2米宽的步行楼梯，一个消防通道 （ ）两个2米宽的步行楼梯，一个消防通道 （ ）一个2米宽的步行楼梯	卖场广告位	（ ）外墙300平方米以上广告位或内部200平方米以上广告位 （ ）外墙150—300平方米广告位或内部100—200平方米广告位 （ ）外墙50—150平方米广告位或内部50—100平方米广告位 （ ）外墙50平方米以下广告位或内部50平方米以下广告位

（续上表）

卖场停车位	（　）30个以上停车位 （　）20—30个停车位 （　）10—20个停车位 （　）5—10个停车位	卖场楼层高度	（　）单层吊顶后3.5米以上，或复式净高6.5米以上 （　）单层吊顶后3—3.5米 （　）单层吊顶后2.5—3米 （　）单层吊顶后2.5米以下

调查制表人（选址主管）：________　　审核：________

附件7.2.4××分部所辖区域（城市人口）70万以上城市可选卖场分布及变动情况表（交通及辐射状况）调查表

城市名称：______　市场类别：______　卖场类别：______　卖场名称：______

注：在（　）内打"√"

卖场半径200米内公交车站停靠的公交线数量	（　）25条线以上（好，得100分） （　）15—25条线（较好，得80分） （　）8—15条线（一般，得60分） （　）8条线以下（不好，得40分）	地铁/轻轨状况（有地铁交通的城市）	（　）有地铁站离卖场距离200米内 （　）有地铁站离卖场距离200—500米 （　）有地铁站离卖场距离500—800米 （　）没有地铁站
公交车平均到站时间	（　）80%以上每5—10分钟一趟 （　）65%—80%每5—10分钟一趟 （　）50%每5—10分钟一趟	公交车平均最佳到达距离	（　）12—15公里 （　）9—12公里，15—20公里 （　）9公里以下，20公里以上
公交车平均到达大型街道居民社区	（　）10个以上（好，得100分） （　）8—10个（较好，得80分） （　）4—8个（一般，得60分） （　）4个以下（不好，得20分）	公交车到达居民社区的档次	（　）80%以上到达中高档社区 （　）60%以上到达中高档社区 （　）40%以上到达中高档社区 （　）20%以上到达中高档社区

（续上表）

公交车线路经过国美已开卖场区域半径3公里内	（　）10%以内进入国美已开卖场区域半径3公里内 （　）10%—30%进入国美已开卖场区域半径3公里内 （　）30%—50%进入国美已开卖场区域半径3公里内 （　）50%—70%进入国美已开卖场区域半径3公里内 （　）70%以上进入国美已开卖场区域半径3公里内	卖场离公交车站的距离	（　）公交车站离卖场距离50米内 （　）公交车站离卖场距离50—150米 （　）公交车站离卖场距离150—300米 （　）公交车站离卖场距离300—500米 （　）公交车站离卖场距离500米以外

制表人（选址主管）：__________　　审核：__________

附件7.3

分部卖场选址情况分析表

分部名称：______　城市名称：______　市场类别：______　卖场名称：______

一、卖场地理位置、所处商圈的状况描述： 1．卖场地址： 2．商业气氛： 3．竞争对手情况： 4．与我方已开门店及竞争对手门店距离： 5．人流调查及分析： 6．其他：
二、店面条件： 1．租赁房屋总体描述，我方租赁楼层状况、卖场使用面积： 2．房屋租金、租期： 3．房屋结构（是否框架结构）、房屋净高、出入口、通道情况、吊顶、地面状况、消防喷淋及烟感设施是否完善合格： 4．照明系统、供水情况、供电能力、中央空调、电话线路： 5．卖场外观描述、卖场正面宽度、门头及广告位情况等： 6．租赁房屋内其他租户情况描述： 7．其他：
三、交通及辐射情况： 1．门口车道数量： 2．方圆100米内公交线路数量及辐射状况： 3．是否靠近轻轨或地铁站： 4．汽车停车位、自行车停放区情况： 5．其他：

（续上表）

四、业主情况： 1. 业主联系方式： 2. 租赁资质：
五、竞租情况：
六、分部对该店址的综合分析、存在问题和建议：
七、分部总经理意见：

调查人：______________　　　　审核：______________

附件7.4××分部所辖区域（城市人口）70万以上城市可选卖场分布及变动情况表

城市名称：____________　市场类别：____________　卖场类别：____________

城市状况	卖场名称	卖场状况	卖场详情	商圈状况	卖场位置	卖场间距	卖场面积	楼层结构	卖场设施	交通辐射	租金租期	物业单位	联系人电话	竞租单位	上次联系时间	联系结果	建议

制表人（选址主管）：______________　　　　审核：______________

××分部所辖区域（城市人口）70万以上城市可选卖场分布及变动情况表表格信息

内容属性

1．“城市状况”，在表格中选择填写（非常适合开店、比较适合开店、不适合开店），预计可开门店总数量，详情见附件。

附件中分析该城市经济总量（GDP）、人口总量、人均收入、发展趋势、基础建设、交通设施、商业业态、政府开放程度、供应商情况、购买力、人才结构、媒体状况、赢利空间、同业态竞争对手状况、其他竞争对手状况。

2．“卖场名称”，指该卖场所在大厦或物业的总称，要简洁易记。

3．“卖场状况”，指该卖场本身的情况，可归类为（闲置、被租用、在建中）。

4．“卖场详情”，指该卖场在“被租用”状况下的租用单位、租期、经营产品、经营状况、是否转租或不再续租。

指该卖场在“在建中”状况下的完工时间、完工后的商业规划、可否租用、租期要求等。

5．“商圈状况”，在表格中选择（很好、较好、一般、不好），详情见附件。

附件中分析该卖场所在位置的商圈类别：（1）复合商圈：指该商圈同时经营日用百货、服装鞋帽、餐饮服务、家用电器等各类产品。（2）专业商圈：指该商圈主要经营日用百货、服装鞋帽、餐饮服务、家用电器等其中一大类产品。（3）该商圈在该城市的商圈级别（核心商圈、次商圈、一般商圈）。（4）商圈的商业结构、购物特征、消费行为，各商场的市场定位、产品组合、销售量、销售额、运营模式。

6．“卖场位置”，用文字描述该卖场在商圈中的具体位置，离主要人流通道、公交车站的距离，与其他商场的位置关系，并附“卖场位置及商流图”。

7．“卖场间距”，需说明该卖场在公司对该市场总体布局中的位置，离国美已开门店的距离，与竞争对手门店的距离。

8．“卖场面积”，指该卖场现有建筑面积、可增加或扩大的建筑面积、实际得房率，可租用面积。

9．“楼层结构”，在表格中选择（很好、较好、一般、不好），详情见附件。

“楼层”可归类为：（1）主一层带二层。（2）主一层。（3）主一层带地下一层。（4）主一层带二层和地下一层。（5）主一层带二层和三层。

“结构”可归类为：（1）框架结构。（2）独立的房屋型结构。（3）层高。（4）通道。（5）外墙结构，广告位状况。（6）商场正面宽度。

10. “卖场设施”，在表格中选择（很好、较好、一般、不好），详情见附件。

可归类为：（1）电梯。（2）步行梯。（3）供水。（4）供电。（5）消防。（6）卫生间。（7）电话。（8）停车位。

11. “交通辐射”，在表格中选择（很好、较好、一般、不好），详情见附件。

所有可到达该商圈或卖场的公交车、地铁、轻轨、轮渡的线路及站台。

可辐射范围：公交线路沿图可到达的街道、社区及该街道、社区的人口结构、收入水平、购物消费习惯等。

12. “租金租期”，要区分租金中是否包括水费、电费、空调费、取暖费、物业管理费、保洁费等，如果不包括，也要搞清楚各项费用标准；闲置卖场要搞清楚租期可以租多长时间，“被租用、在建中”卖场要搞清楚什么时间合同到期。

13. “物业单位”，要调查清楚该卖场的业主是单位或个人，已租用的要搞清楚租用单位或个人名称。

14. “联系人电话”，要调查清楚业主和中间租用商的关键联系人和电话。

15. “竞租单位”，要调查清楚已与该卖场业主或中间租用商进行洽谈过的单位，调查清楚它们的经营方式、行业及产品，调查清楚它们的报价。

16. “上次联系时间”，因长期跟踪调查工作，必须在每星期与卖场业主或中间租用商进行沟通一次，沟通完后必须将此工作信息输入电脑表格以便核查。

17. “联系结果”，对我公司确实要租用卖场和为打击提高竞争对手的卖场租金的不同目的，其谈判过程和要求是不同的，要求每次谈判完后将谈判结果整理后输入电脑。

18. “建议”，因为各分部选址主管长期跟踪该卖场，对具体情况特别了解，所以，对每次谈判后变动的竞租情况及接下来的谈判策略和谈判规格必须提出自己的建议。

第四章

城市评估

城市评估是零售连锁企业进行选址扩张时所需要做的第一步工作，特别是跨区域扩张选址时，更是如此。它主要的目的是要对该城市的购买能力、市场容量、竞争激烈程度和城市发展前景做一个基本的分析，以确定在该城市开设新店是否有利可图。

第一节　城市基本状况数据采集

一、城市地理、人口状况

城市总人口（单位：万人），其中市区人口（单位：万人），人口结构、数量、比例，分以下三段：16—24岁，25—35岁，36—60岁。市区有多少户家庭，户均人数。适龄青年去年结婚数量。城市从业人员数量，私营企业人员从业数量。总面积（单位：平方公里），其中市区面积（单位：平方公里）、市区人口密度（单位：人/平方公里）。以上数据采集是为了剥离出我们的消费主体，算出市区人口密度及我们的未来店面需要覆盖的面积。数据来源是统计局、规划局、民政局（亲自去或上网查均可）。(填附表6-1)

二、区县地理、人口状况

与以上城市指标等同。数据来源是统计局、规划局、民政局（亲自去或上网查均可）。(填附表6-2)

三、城市未来发展规划

确定市区扩容是以“摊大饼”形式还是以新建“卫星城”形式发展。扩容方案是否实施，若实施已到何种程度。城市扩容速度快，对原有销售格局的冲击就大，进军该市场机会多同时难度相对低，成功的几率大。市区若以“摊大饼” 形式扩容，环路成为店址的首选。市区若以“卫星城”形式扩容，旧城与新城的连接干道成为店址的首选。数据来源是规划局并实地验证（亲自去或上网查均可）。

四、公共交通情况

◆ 市区公共汽车有多少条线路，它们的总里程。近三年的载客数及未来几年的发展规划。每条线路的票价及月票的价格。

◆ 自行车的现有数量及前两年的数量。有轨交通是否有，若有，有几条线路，票价及月票的价格。

◆ 出租车拥有量及每公里价格。

◆ 机动车状况，私家车比例及近三年变化情况，小客车与货车比例。

以上是为了解该城市百姓的基本出行方式。数据来源是交通局、公安局、公汽公司、出租车管理局及统计局（亲自去或上网查均可）。(填附表7)

五、房地产状况

商品房开工及在建项目数量，总建筑面积，房屋空置率，每个项目销售均价及规模（建筑面积）。住宅项目的户型结构及比例。以上是为了计算该城市电器消费未来一年的增长趋势，数据来源是规划局（亲自去或上网查均可）、各项目实地走访。(填附表8)

六、各商圈房屋租金状况

首先把全市的商业街划分为四种类型，A类主商圈最好，B类次商圈，C类有潜力，D类暂无价值。采集每一类商圈房屋的市场报价：大型商业中心、综合楼、商品市场、临街铺面房、写字楼、住宅楼。以上是对该市租金整体状况进行摸底。数据来源是各中介公司及市场调研。（填附表9）

七、经济发展状况

◆ 国内生产总值及近两年增长率以及人均GDP。

◆ 社会商品零售总额。

◆ 家用电器零售总额。

◆ 户均家用电器消费额。

◆ 人均收入。

◆ 电器销售从业人员人均收入，主要岗位人均收入：店经理、部门经理、普通员工、会计、出纳、收银员、防损员、物业、水暖、电工等。

数据来源是市统计局及市场走访调研。（填附表10）

八、未来竞争对手状况

◆ 市区家用电器零售商有多少家，每家营业额。

◆ 市区有多少电器卖场，每个面积有多少。

◆ 市区家用电器总经营面积，全市电器卖场每平方米年平均营业额。

◆ 零售商电器经营门类集中度调查，依我公司主要门类划分为：彩电、空调、冰洗、手机、音响、电脑。专卖店数量调查。

数据来源是国家信息中心、市统计局、各供货商、税务局及市场走访调研。（填附表11）

九、媒体情况

◆ 平面媒体有多少家，每家发行量、发行对象、发行方式，每年广告分类收入，广告报价。

◆ 广播媒体有几家，收听覆盖率对比，受欢迎栏目时段收听率对比，报价。

◆ 电视媒体收费报价。

◆ 平面广告公司报价采集。

◆ DM广告发行报价采集。

◆ 户外广告报价采集。（填附表12）

十、办公用品及消耗品报价采集

十一、各政府职能部门办公流程、各项优惠政策采集

第二节　评估报告的编写

一、体例

以说明文为主，列举数据进行说明，并附以事例及现场图片。

二、方法

根据各种相关数据进行论证。分析该城市的经济发展速度，城市规模，是否适合开连锁店。分析进入该城市的投入产出比，需要开多少家店才能基本覆盖，第一年的营业额预测及各项费用支出预算。根据房地产情况分析该市整体电器市场第二年的增长潜力。分析预测我们第二年的增长趋势。分析客流规律及消费潜力。分析交通地理条件。分析竞争激烈程度。分析人力成本。分析广告宣传成本。分析人文状况。分析其他影响经营的因素，如政府的工作效率等。

三、所需各类表格（附后）

第三节　评估要素

一、选择店址的原则

店址的选择，是一项关系着店面未来的经济效益和发展前景的重要工作。

通过我们对该城市调查分析，寻找一年内能产生利润并有明显增加趋势的店址。有可能的话还要预测所选店址的销售额、毛利、成本和利润及未来的增长潜力。

二、选址的基本要素

1．目标店方圆3公里区域内(10万—30万人)，居民聚居、人口集中的地方是适宜设置店面的地方。

2．交通方便，旅客上车、下车最多的车站，或者在几个主要车站的附近，可以在顾客步行不到20分钟的路内的街道开店。

3．店面临主干道，门店设在三岔路的正面，拐角的位置也是很理想的，它位于两条街道的交叉处，是人流的停滞点，可以产生“拐角效应”。

4．有充足的停车位(30—100个)。

5．所处位置在当地有较高知名度。

6．确定目标店时，应争取更多的户外广告位置。

7．确定目标店时，应考虑适当面积的库房，一般可占用200—300平方米。

8．参考店租价格，以天津为例：

中环线以外约为0.7—1.5元/（平方米·天）。

中环线至内环线之间约为1.8—2.6元/（平方米·天）。

条件好的店址，价格可适当放宽20%—35%。

三、选择开店的商圈

1．最佳目标店：大型超市、家具广场、高级住宅区、新建成的居民住宅区、人口素质较高的居住区、有较多居住人口和活动人口的地方、大型车站附近、同行密集的地方或没有一个竞争对手的大街。

2．最差目标店：僻静的小街小巷、人口稀少的居民区、机关单位集中的办公区、居民人口老化的地方、繁华的市中心、步行街等不宜考虑。

3．装修定位：店内的地面、墙面、天花板均应有相应的装修，要力求有新

的创意，体现出与众不同的风格，店内环境一定要保持清洁。（详见有关章节）

四、选择开店的方位

1. 选择现在被商家看好的店址，不如选择不久的将来会由冷变热，而目前尚未被看好的店址。这样的门店位置费用低，潜在的商业价值大。因此，应特别留心城市建设的发展带来的变化。

2. 选择靠近大公司、大店铺的街道一边。这一侧出入者可以成为我们的顾客，另一方面是因为来过的顾客便于向别人介绍，比较容易指引他人光顾。

3. 选择靠近人口会增加的地方。住宅区的发展，新机构的设立，会给门店增添顾客，使今后的发展更具潜力。

4. 选择与自身经营方向相辅相成的门市作邻居，如超市附近、家居商场附近。

5. 选择门店位置时，还应重视门店所在建筑提供的设施是否符合经营要求。

6. 在同一条街道两侧选择门市位置，以客流量多、能见度高、交通不易堵塞的位置为佳。

五、预测销售额的因素和方法

1. 因素

（1）市场容量及竞争情况；

（2）交通；

（3）3公里内人口数量及人口基本素质；

（4）店面情况；

（5）未来城市规划。

2. 因素分析方法

（1）家电市场容量及竞争情况

调查大商场家电部门及电器专卖店基本情况（企业性质、员工数、年销售额），预计年家电销售额，将调查情况列表（见附表17）。

（2）交通

第一步：购买城市地图，计算主要交通道路，如环线加放射路线结构的交通，可计算该城市共有几条环线、几条放射线，环线和放射线交叉口是较好的店面位置，将交通状况整理列表（见附表16）。

第二步：按交通状况表，对每一条道路和路口通过步行观察客流状况，排除周边无住户路段，确定重点调查路口和路段，调查客流量和公交线路状况，依客流量大小进行排列（见附表24）。

第三步：确定主商圈。如：北京是三环路，天津为中环路。

（3）目标店方圆3公里内居民调查

根据主商圈寻找可出租的店址，主要有新建底商，不景气商场、超市等可主动找主要负责人面谈，面积在3000—5000平方米，作为目标店址，对目标店址应调查周边3公里之内顾客群（见附表18、附表19）。

（4）店面情况（见附表15）。

六、应该注意的问题

1．注意租赁房屋

租赁之前，应先了解房屋的基本条件及价格，查看房屋的产权状况，实地考察，看是否适合我们经营，房屋有无破损，楼面的受力以及水电等情况，了解房租情况。

2．注意城镇的发展规划

有些城镇人口稠密区的商业繁华区在不断增多和扩大，都挤在城市某一块地方是不可能的，必须四面扩张，但扩张不是相等平齐的，而是有条件和有先有后的。选择场地就要注意到这一点，用长远的、发展的眼光对待这一问题。

3．抓紧时机

要选择的场地只要基础好，有发展前途，看准了下决心定下来，环境和条件差一点，可以边经营边建设，逐步改善环境，创造好的条件。如果犹犹豫豫，当决不决，就会错过商机。

七、租金计算

1．计算原则

先准确调研出该城市的年社会消费品零售总额St，推算出家用电器的年零售总额Sh。以该市家用电器年零售额的40％为目标占有率乘以7％的综合毛利率Pt计算出大概的年毛利额Py。以年毛利额的20％作为这个城市的总租金额，分2到3年实施，第一年用总租金额40％的额度为宜，第二年依经营情况推进。

2．计算公式

第一年租金＝Sh×40％×7％×20％×40％

八、城市发展部调研员工作内容

1．城市基本状况调查

（1）本市全年常住人口数

（2）本市辖区人口数

（3）城市总面积

（4）人口密度（人口密度＝总人口数÷总面积）

（5）全市年人均收入（以公布资料为主，详见附表1并请注明以上数据来源）

2．零售市场基本状况调查

（1）全市大型超市状况（详见附表2）

（2）全市大型百货商场状况（详见附表3并请注明以上数据来源）

3．电器市场基本状况调查

（1）大型连锁企业基本情况

地理位置、场地面积、租金状况、硬件环境、外观照片；

经营内容、服务特色、客流情况、经营额度；

广告内容、宣传特色；

运输状况、仓储状况；

办公状况、人员总数及其他说明。

每个公司建立一份档案，按门店分类，将店面详细情况归档。

（详见附表4）

（2）其他卖场（百货商场、超市等）电器基本经营情况

地理位置、场地面积、硬件环境、外观照片；

经营内容、服务特色、客流情况、经营额度；

广告内容、宣传特色；

运输状况、仓储状况；

办公状况、人员总数及其他说明。

每个商场建立一份档案，将商场或专营店详细情况归档。

（详见附表4）

4．预选店址

店面选址原则：

（1）目标店半径3公里区域内约40万居民、人口集中的地方是适宜设置店面的地方。

（2）交通方便，乘客上车、下车最多的车站，或者在几个主要车站的附近，可以在顾客步行不到20分钟的路内的街道开店。

（3）店面临主干道，门店设在三岔路的正面，拐角的位置也是很理想的。

（4）有充足的停车位，30至100个。

（5）所处位置在当地有较高知名度。

（6）确定目标店时，应争取更多的户外广告位置。

（7）确定目标店时，应考虑适当面积的库房，一般以200—300平方米为宜。

（详见附表5，另附照片一套,目标店所处位置地形图一套。）

注：

1. 调研员认真填写各项数据后上报该城市发展部主管。
2. 上文中所提各类表单。

附表1 各城市评分对比表

调查人： 调查日期： 年 月 日

序号	城市名称	消费品零售额(亿元)	市区人口密度(人/平方公里)	GDP增长率	人均收入(元)	销售面积(万平方米)	在建面积(万平方米)	均价(元)	数量(家)	卖场总数量(个)	卖场总面积(平方米)	综合评价(分)
1												
2												
3												
4												
5												
6												
7												
8												
9												
10												

备注：打分标准

序号	项目	取分单位	分数	备注	序号	项目	取分单位	分数	备注
1	消费品零售额	100亿元	3分		7	商品房均价	1000元	2分	
2	市区人口	1000万	20分		8	连锁竞争对手数量	家	-3分	
3	市区人口密度	1万人/平方公里	3分		9	单体竞争对手数量	家	-0.5分	
4	人均收入	5000元	3分		10	卖场数量	3个	-0.5分	
5	商品房销售面积	100万平方米	2分		11	卖场总面积	1万平方米	-0.5分	
6	商品房在建面积	100万平方米	2分						

北京举例：

附表2　城市各行政区指标对比表

城市名称：　　　　　　　　　　　　　　　　　　　　　　　　调查人：

调查日期：______年____月____日

序号	行政区名称	消费品零售额（亿元）	区人口（万人）	区人口密度（人/平方公里）	人均收入（元）	商场		超市		小商品市场		政府机关数量	企业数量	学校数量	综合评价（分）
						数量	面积	数量	面积	数量	面积				
1															
2															
3															
4															
5															
6															
7															
8															
9															
10															

备注：打分标准

序号	项目	取分单位	分数	备注	序号	项目	取分单位	分数	备注
1	消费品零售额	10亿元	3分		8	超市营业面积	1万平方米	2分	
2	区人口	100万	20分		9	小商品市场数量	个	2分	
3	区人口密度	1万人/平方公里	3分		10	小商品市场营业面积	1万平方米	2分	
4	人均收入	5000元	3分		11	市级政府机关数量	个	1分	
5	商场数量	家	2分		12	企业数量	个	1分	
6	商场营业面积	1万平方米	2分		13	学校数量	所	1分	
7	超市数量	个	2分						

附表3　城市主要道路指标对比表

城市名称：　　　　　　　　　　　　　　　　　　　　　　　　　　调查人：

调查日期：______年____月____日

序号	道路名称	起始点	走向	长度（公里）	路宽（米）	车道数	公交线路（条）	十字路口（个）	立交桥（座）	商场		超市		餐饮	企业	机关	专卖店	综合评价（分）
										数量	面积	数量	面积					
1																		
2																		
3																		
4																		
5																		
6																		
7																		
8																		
9																		
10																		

备注：打分标准

序号	项目	取分单位	分数	备注	序号	项目	取分单位	分数	备注
1	走向				8	商场数量			
2	长度				9	超市数量			
3	道路总宽				10	餐饮数量			
4	上下行车道数				11	企业数量			
5	沿线5站以上公交线路				12	机关数量			
6	十字路口数量				13	专卖店数量			
7	立交桥数量						合计		

附表4-1　城市主要路口指标对比表

城市名称：　　　　　　　　　　　　　　　　　　　　　　　　调查人：

调查日期：______年____月____日

序号	路口名称	交汇道路名称	主路宽	次路宽	公交站点数量	路口日机动车流		路口自行车流		路口四角日客流（人）				商场		超市		写字楼	餐饮	企业	机关	专卖店	综合评价（分）
														数量	面积	数量	面积						
1						东西	南北	东西	南北	A	B	C	D										
2																							
3																							
4																							
5																							
6																							
7																							
8																							
9																							
10																							

备注：打分标准

序号	项　目	取分单位	分数	备注	序号	项　目	取分单位	分数	备注
1	交汇道路	条	5		9	500米商场数量	家	2	
2	主路宽	双向每车道	5		10	500米商场面积	万平方米	2	
3	次路宽	双向每车道	3		11	500米超市数量	家	1	
4	公交站点	50米内每个	2		12	500米超市面积	万平方米	1	
5	路口机动车流	日200辆	3		13	200米内写字楼面积	1000平方米	1	
6	路口自行车流	日400辆	5		14	饭馆数量	10家	1	
7	路口客流	日500人	7		15	200米内机关数量	个	1	
8	200米内公司数量	10个	1		16	200米内专卖店数量	10个	1	

附表4-2 道路截点流量登记表

道路名称： 地点： 调查人： 时间：______年____月____日

时 段	机动车流量（辆）		自行车流量（辆）		人流量（人）		备注
	上行	下行	上行	下行	上行	下行	
7—8							
8—9							
9—10							
10—11							
11—12							
12—13							
13—14							
14—15							
15—16							
16—17							
17—18							
18—19							
19—20							
合计							

附表4-3 主要路段客流调查表

名称 项目	节 假 日				平 时				备注
	方向	机动车	自行车	行人	方向	机动车	自行车	行人	
	东—西				东—西				
	西—东				西—东				
	南—北				南—北				
	北—南				北—南				
	东—西				东—西				
	西—东				西—东				
	南—北				南—北				
	北—南				北—南				
	东—西				东—西				
	西—东				西—东				
	南—北				南—北				
	北—南				北—南				
	东—西				东—西				
	西—东				西—东				
	南—北				南—北				
	北—南				北—南				
	东—西				东—西				
	西—东				西—东				
	南—北				南—北				
	北—南				北—南				
	东—西				东—西				
	西—东				西—东				
	南—北				南—北				
	北—南				北—南				

附表5　目标店评分项目及标准

序号	项目	评分单位	分数	评分	序号	项目	评分单位	分数	评分
1	区消费品零售额	10亿元	10		29	卖场层数	单层	50	
2	所在区人口	100万人	30				二层	40	
3	所在区人口密度	1万人/平方公里	15				三层	30	
4	所在区人均收入	5000元	10				四层	20	
以下为三公里范围内目标店环境比较							五层	10	
5	三公里内人口	5万人	50		30	机动车停车位	门前每10个	5	
6	三公里内人口密度	万人/平方公里	30				楼后每10个	4	
7	三公里内人均收入	5000元	30				地下每10个	3	
8	商品房销售面积	平方米	1		31	自行车存放	每10个	2	
9	商品房在建面积	平方米	1		32	户外广告	广告牌每10平方米	3	
10	商场数量	个	5				灯箱每10平方米	2	
11	商场面积	平方米	5				橱窗每10平方米	1	
12	超市数量	个	2		33	卖场层高	3米	30	
13	超市面积	平方米	3				>3米每10厘米加1分		
14	商品市场数量	个	5				<3米每10厘米减5分		
15	商品市场面积	平方米	5		34	门前公交线路	50米以内有站每条	5	
16	市政府机关数量	个	1				50—100米以内有站每条	3	
17	独立办公企业数量	个	1		35	电梯	自动扶梯双向每部	8	
18	写字楼企业数量	个	1				自动扶梯单向每部	5	
19	高校学生数量	1000人	3				客梯1吨/部	3	
20	连锁竞争对手数量	每家	10				货梯1.5吨/部	6	
21	单体竞争对手数量	每家	5		36	空调	中央空调	30	
22	竞争对手营业面积	1000平方米	3				分体柜机每10匹	3	
以下为三公里范围内目标店硬件设施比较					37	消防	烟感系统	5	
23	门前马路	上下三车道	30				喷淋系统	5	
		上下两车道	20				消防栓每个	2	
		上下一车道	10				灭火器每10个	1	
		单行线	0		38	电力容量	100千瓦	30	
24	面积使用率	85%	20		39	产权性质	自建或购买	20	
		>85%每1%加2分					租赁	10	

（续上表）

		＜85%每1%减3分			40	正门宽度	林建	5	
25	建筑高度	6米	30		41	目标店沿街长度	10米	5	
		＞6米每米加5分							
		＜6米每米减10分							
26	门前机动车流量	8—20时双向200辆	5						
27	门前自行车流量	8—20时双向400辆	10						
28	门前人流量	8—20时双向500人	10						
			合计					合计	

附表6-1　城市基本状况数据汇总表

城市名称：　　　　　　　　调查人：　　　　　　　　调查日期：______年____月____日

序号	调查项目	单位	数量	序号	调查项目	单位	数量
1	总人口	万人		24	有轨交通运行总里程	公里	
2	市区人口	万人		25	市区家庭户数	户	
3	16—24岁	万人		26	户均人数	人	
4	25—35岁	万人		27	去年结婚数量	对	
5	36—60岁	万人		28	城市总面积	万平方公里	
6	城镇从业人员	万人		29	市区面积	万平方公里	
7	私营企业从业人员	万人		30	市区人口密度	人/平方公里	
8	国内生产总值	亿元		31	家用电器零售总额	亿元	
9	固定资产投资总额	亿元		32	市区家用电器零售商	家	
10	消费品零售额	亿元		33	电器卖场数量	个	
11	GDP增长率	%		34	市区电器卖场总面积	万平方米	
12	人均GDP	元		35	每平方米年产出	万元	
13	人均收入	元		36	空调专卖店数量	家	
14	商品房在建面积	万平方米		37	手机专卖店数量	家	
15	商品房均价	元		38	电脑专卖店数量	家	
16	公交线路	条		39	音响专卖店数量	家	
17	公交线路运行总里程	公里		40	A类商圈底商租金	元／（平方米·天）	
18	年运载量	人		41	B类商圈底商租金	元／（平方米·天）	
19	出租车保有量	辆		42	C类商圈底商租金	元／（平方米·天）	
20	机动车保有量	辆		43	地方报纸	家	
21	私车保有量	辆		44	地方广播电台	家	
22	自行车保有量	辆		45	地方电视台	家	
23	有轨交通	条					

附表6-2　区县基本状况数据汇总表

城市名称：　　　　　　调查人：　　　　　　调查日期：_____年____月____日

序号	调查项目	单位	数量	序号	调查项目	单位	数量
1	总人口	万人		24	有轨交通运行总里程	公里	
2	市区人口	万人		25	市区家庭户数	户	
3	16—24岁	万人		26	户均人数	人	
4	25—35岁	万人		27	去年结婚数量	对	
5	36—60岁	万人		28	城市总面积	万平方公里	
6	城镇从业人员	万人		29	市区面积	万平方公里	
7	私营企业从业人员	万人		30	市区人口密度	人/平方公里	
8	国内生产总值	亿元		31	家用电器零售总额	亿元	
9	固定资产投资总额	亿元		32	市区家用电器零售商	家	
10	消费品零售额	亿元		33	电器卖场数量	个	
11	GDP增长率	%		34	市区电器卖场总面积	万平方米	
12	人均GDP	元		35	每平方米年产出	万元	
13	人均收入	元		36	空调专卖店数量	家	
14	商品房在建面积	万平方米		37	手机专卖店数量	家	
15	商品房均价	元		38	电脑专卖店数量	家	
16	公交线路	条		39	音响专卖店数量	家	
17	公交线路运行总里程	公里		40	A类商圈底商租金	元/（平方米·天）	
18	年运载量	人		41	B类商圈底商租金	元/（平方米·天）	
19	出租车保有量	辆		42	C类商圈底商租金	元/（平方米·天）	
20	机动车保有量	辆		43	地方报纸	家	
21	私车保有量	辆		44	地方广播电台	家	
22	自行车保有量	辆		45	地方电视台	家	
23	有轨交通	条					

附表7　城市基本状况数据

城市名称：　　　　　　　　　　　　调查人：

调查项目：交通状况　　　　　　　　调查日期：_____年____月____日

调查项目	数量	总里程（公里）	年载客数（人）	占比（%）	备注
市区公交线路（条）					
自行车保有量（辆）					
出租车保有量（辆）					
有轨交通线路（条）					
机动车保有量（辆）					
机动车私车保有量（辆）					

附表8 城市基本状况数据

城市名称： 调查人：

调查项目：房地产项目 调查日期：________年____月____日

序号	项目名称	建筑面积（万平方米）	均价（元）	一居（套）	二居（套）	三居（套）	四居（套）	五居以上或别墅	开工日期	交房日期
1										
2										
3										
4										
5										
6										
7										
8										
9										
10										
11										
12										
13										
14										
15										

附表9-1 ____________市基本状况数据

城市名称： 调查人：

调查项目：A类商圈租金 调查日期：________年____月____日

序号	街道名称	1500平方米以上底商（元/平方米）	商品市场（元/平方米）	铺面房（元/平方米）	综合楼（元/平方米）	写字楼（元/平方米）	住宅楼（元/平方米）
1							
2							
3							
4							
5							
6							
7							
8							
9							
10							
11							
12							
13							

附表9-2 ____________市基本状况数据

城市名称： 调查人：

调查项目：B类商圈租金 调查日期：________年____月____日

序号	街道名称	1500平方米以上底商（元/平方米）	商品市场（元/平方米）	铺面房（元/平方米）	综合楼（元/平方米）	写字楼（元/平方米）	住宅楼（元/平方米）
1							
2							
3							
4							
5							
6							
7							
8							
9							
10							
11							
12							
13							

附表9-3 ____________市基本状况数据

城市名称： 调查人：

调查项目：C类商圈租金 调查日期：________年____月____日

序号	街道名称	1500平方米以上底商（元/平方米）	商品市场（元/平方米）	铺面房（元/平方米）	综合楼（元/平方米）	写字楼（元/平方米）	住宅楼（元/平方米）
1							
2							
3							
4							
5							
6							
7							
8							
9							
10							
11							
12							
13							

附表9-4 ＿＿＿＿＿市基本状况数据

城市名称：　　　　　　　　　　　　　　　　　　　　　调查人：

调查项目：D类商圈租金　　　　　　　　　　　　　　　调查日期：＿＿＿年＿＿月＿＿日

序号	街道名称	1500平方米以上底商（元/平方米）	商品市场（元/平方米）	铺面房（元/平方米）	综合楼（元/平方米）	写字楼（元/平方米）	住宅楼（元/平方米）
1							
2							
3							
4							
5							
6							
7							
8							
9							
10							
11							
12							
13							

附表10　城市基本状况数据

城市名称：　　　　　　　　　　　　　　　　　　　　　调查人：

调查项目：经济发展及工资收入　　　　　　　　　　　　调查日期：＿＿＿年＿＿月＿＿日

1. 国内生产总值：＿＿＿亿元，去年增长率＿＿%，前年增长率＿＿%。
2. 社会零售总额：＿＿＿亿元。
3. 家用电器零售总额：＿＿＿亿元，户均家用电器消费额：＿＿＿元。
4. 人均年收入：＿＿＿元，电器零售业人均年收入：＿＿＿元。

电器零售从业人员各岗位收入情况

序号	岗位	月收入（元）	序号	岗位	月收入（元）
1	总经理		12	物流经理	
2	店经理		13	司机	
3	采购经理		14	平面设计	
4	部门经理		15	计算机维护	
5	财务经理		16	物业经理	
6	行政经理		17	水暖、电工	
7	会计		18	文员	
8	出纳		19		
9	管账		20		
10	销售员		21		
11	防损员		22		

附该市有关福利的各项规定文件

附表11　城市基本状况数据

城市名称：　　调查项目：未来竞争对手　　调查人：　　调查日期：______年____月____日

序号	卖场名称	营业面积（平方米）	年营业额（亿元）	每平方米年营业额（元）	经营门类（没有的打“×”）
1					彩电、冰洗、厨卫、手机、空调、电脑、摄照、碟机、音响
2					彩电、冰洗、厨卫、手机、空调、电脑、摄照、碟机、音响
3					彩电、冰洗、厨卫、手机、空调、电脑、摄照、碟机、音响
4					彩电、冰洗、厨卫、手机、空调、电脑、摄照、碟机、音响
5					彩电、冰洗、厨卫、手机、空调、电脑、摄照、碟机、音响
6					彩电、冰洗、厨卫、手机、空调、电脑、摄照、碟机、音响
7					彩电、冰洗、厨卫、手机、空调、电脑、摄照、碟机、音响
8					彩电、冰洗、厨卫、手机、空调、电脑、摄照、碟机、音响
9					彩电、冰洗、厨卫、手机、空调、电脑、摄照、碟机、音响
10					彩电、冰洗、厨卫、手机、空调、电脑、摄照、碟机、音响
11					彩电、冰洗、厨卫、手机、空调、电脑、摄照、碟机、音响
12					彩电、冰洗、厨卫、手机、空调、电脑、摄照、碟机、音响
13					彩电、冰洗、厨卫、手机、空调、电脑、摄照、碟机、音响
14					彩电、冰洗、厨卫、手机、空调、电脑、摄照、碟机、音响
15					彩电、冰洗、厨卫、手机、空调、电脑、摄照、碟机、音响

附表12　城市基本状况数据

城市名称：　　　　　　　　　　　　　　　　调查人：

调查项目：平面媒体对比　　　　　　　　　　调查日期：________年____月____日

序号	媒体名称	发行量	发行方式	发行时间	去年广告收入（万元）	电器类收入（万元）	
1							
2							
3							
4							
5							
6							
7							

附各媒体广告报价

附表13　城市基本状况数据

卖场名称：　　　　　　　　　　　　　　　　调查人：

调查项目：各卖场电器门类调查　　　　　　　调查日期：________年____月____日

序号	门类	面积（平方米）	品牌	销售额（亿元）	数量（件）	均价（元）
1	彩电					
2	冰洗					
3	空调					
4	手机					
5	厨卫					
6	电脑					
7	摄照					
8	音响					
9	碟机					
10	小白电					
11	线材					
12	音像					
13	办公					
14	灯具					

附表14-1　电器零售商卖场调研表

零售商名称：　　营业面积：____平方米　　调查人：　　调查日期：______年____月____日

卖场名称：　　　　　　　　　　　　　　　　地址：

序号	门类名称	营业面积	层数	相临门类				经营品牌名称
				前	后	左	右	
1								
2								
3								
4								
5								
6								
7								
8								
9								
10								

附件14-2　电器零售商卖场现状调研表

零售商名称：　　　　卖场名称：　　　　地址：

调查人：　　　　　　　　　　　　　　　　调查日期：________年____月____日

序号	项目	评分单位	数量	序号	项目	评分单位	数量
1	区消费品零售额	10亿元		27	卖场层数	单层	
2	所在区人口	100万人				二层	
3	所在区人口密度	1万人/平方千米				三层	
4	所在区人均收入	5000元				四层	
以下为三公里范围内目标店环境比较						五层	
5	三公里内人口	5万人		28	机动车停车位	门前每10个	
6	三公里内人口密度	万人/平方千米				楼后每10个	
7	三公里内人均收入	5000元				地下每10个	
8	商场数量	个		29	自行车存放	每10个	
9	商场面积	平方米		30	户外广告	广告牌每10平方米	
10	超市数量	个				灯箱每10平方米	
11	超市面积	平方米				橱窗每10平方米	
12	商品市场数量	个		31	卖场层高	3米	
13	商品市场面积	平方米				>3米每10厘米加1分	

（续上表）

以下为三公里范围内目标店硬件设施比较						<3米每10厘米减5分	
14	门前马路	上下三车道		32	门前公交线路	50米以内有站每条	
		上下二车道				50—100米以内有站每条	
		上下一车道		33	电梯	自动扶梯双向每部	
		单行线				自动扶梯单向每部	
15	面积使用率	85%				客梯1吨/部	
		>85%每1%加2分				货梯1.5吨/部	
		<85%每1%减3分		34	空调	中央空调	
16	建筑高度	6米				分体柜机每10匹	
		>6米每米加5分		35	消防	烟感系统	
		<6米每米减10分				喷淋系统	
17	门前机动车流量	8—20时双向200辆				消防栓每个	
18	门前自行车流量	8—20时双向400辆				灭火器每10个	
19	门前人流量	8—20时双向500人		36	正门宽度	林建	
20	营业面积	平方米		37	目标店沿街长度	10米	
21	一层面积	平方米					
22	二层面积	平方米					
23	三层面积	平方米					
24	四层面积	平方米					
25	五层面积	平方米					
26	地下一层面积	平方米					

备注：

附表15 目标店情况调查表

调查人：____________________ 调查时间：____________________

1. 详细地址：__________市（省）__________区__________街号。
2. 总建筑面积__________平方米，总使用面积__________平方米。
3. 总建筑高度__________米，共______层。
4. 卖场所在层：________层，卖场使用面积__________平方米，卖场层高__________米。
5. 停车位：

自行车存车处

a. 有□　　　　无□

b. 存放数量：________位

c. 收费情况：________元/位

机动车停车处

a. 有□　　无□

b. 存放数量：________位

c. 收费情况：________元/位

d. 其他说明：________

6. 房产性质：

a. 临建□　稳定□　待拆□　租赁□　自行开发□

b. 产权所有人：____________

c. 租房期限：________年____月____日

d. 租金：________元/（天·平方米）

f. 商圈内租金状况（建议从该地区统计系统获取数据以备参考）：________

7. 户外广告位：

a. 橱窗　　有□　　无□　　个

b. 户外广告牌　　有□　　无□　　个

c. 路灯挂旗　　有□　　无□　　个

d. 灯箱广告　　有□　　无□　　个

8. 正门朝向：________

9. 主要道路名称：____________，________条

10. 主要公交路线：

序号	车次	起始站	终点站	途经主要社区	载客量
					多□　一般□　少□

11. 电梯情况：

a. 自动扶梯　　有□　　无□

　　单向□　　双向□　　共______部

b. 直梯　　有□　　无□　　共______部

c. 货梯　　有□　　无□　　共______部

12. 公共设施：

a. 挑空区　　有□　　无□

b. 卫生间　　有□　　无□　　面积______平方米

c. IC卡电话　　有□　　无□

13. 消防设施　　有□　　无□

附表16 ________市交通情况表

调查表：____________　　　　　　　　　　　　　　调查时间：____________

道路名称	总长（公里）	车道（道）	公交车（路）及车号	交叉口名称	其他说明

附表17 ________市家电卖场情况调查表

调查人：________ 调查时间：________

项目 名称	面积	位置	周边人口 （3—5公里）	企业性质	员工数（人）	经营门类	年销售额 （万元）	其他
合计								

附表18　__________顾客群调查（三公里之内）

调查人：______________　　　　　　　　　　　　调查时间：______________

项目 楼名	几层	几门	住户数	备注

附表19　顾客基本情况调查

调查人：______________　　　　　　　　　　　　调查时间：______________

区域目标				
商品房价格（____元/平方米）				
人均收入（____元/年）				
其他				

附表20　__________市基本状况调查表

1．全年常住人口________万人

2．其中市辖区人口________万人

3．城市总面积________万平方公里

4．全市国内生产总值________亿

5．全市城镇居民年人均可支配收入________元，人均消费支出________元，全市农民年人均收入________元，生活消费支出________元。

6．其他说明：

数据来源：

调研人签字：

填表日期：

附表21　__________超市状况调查表

______年____月____日　星期____　调查时间自______至______

天气情况____________　气温____

超市名称：

地理位置：

面积：

经营门类：

周六、日客流量：

停车场面积：

硬件设施：

外观照片：

其他说明：

调研人签字：

附表22　__________百货商场状况调查表

______年____月____日　星期____　调查时间自______至______

天气情况__________　气温____

商场名称：

地理位置：

面积：

经营门类：

电器销售状况：

周六、日客流量：

硬件设施：

停车场面积：

外观照片：

其他说明：

调研人签字：

附表23　电器市场基本状况调查表

______年____月____日　星期____　调查时间自______至______

天气情况__________　气温____

<table>
<tr><td colspan="2">店名：</td><td colspan="2">详细地址：</td></tr>
<tr><td colspan="2">楼层分布：</td><td colspan="2">营业面积：</td></tr>
<tr><td colspan="2">人员总数：</td><td colspan="2">硬件环境：</td></tr>
<tr><td colspan="2">停车场面积：</td><td colspan="2">办公状况：</td></tr>
<tr><td colspan="2">类型：　专营□　综合□</td><td colspan="2">开业日期：</td></tr>
<tr><td colspan="2">经营品种：</td><td colspan="2">经营方式：零售 批发/自营 联营</td></tr>
<tr><td colspan="4">销售额度：　万元/日</td></tr>
<tr><td rowspan="5">客流情况</td><td></td><td>客流量(人次)</td><td>车流量（辆）</td></tr>
<tr><td>____时____分至____时____分</td><td></td><td></td></tr>
<tr><td>____时____分至____时____分</td><td></td><td></td></tr>
<tr><td>____时____分至____时____分</td><td></td><td></td></tr>
<tr><td>____时____分至____时____分</td><td></td><td></td></tr>
<tr><td rowspan="5">成交量</td><td></td><td>上午（笔）</td><td>下午（笔）</td></tr>
<tr><td>____时____分至____时____分</td><td></td><td></td></tr>
<tr><td>____时____分至____时____分</td><td></td><td></td></tr>
<tr><td>____时____分至____时____分</td><td></td><td></td></tr>
<tr><td>____时____分至____时____分</td><td></td><td></td></tr>
</table>

（续上表）

内部设施：空调□ 手扶梯□ 直梯□ 货梯□ 卫生间□ IC电话□ 吸烟处□ 休息区□ 快餐区□ 消防设施□
环境卫生：优□ 良□ 中□ 差□
停车场： 平方米 车位
卖场外气氛： 较热烈□ 一般□ 冷清□
宣传特色：
店内外促销活动：
服务特色：
仓储及运输状况：

调研人签字：

附表24 ________市 ________目标店调查表

一、目标店基本情况：

1．地址：________区________街________号

2．建筑面积________平方米，使用面积________平方米

主体结构： 框架结构□ 砖混结构□ 简易结构□

3．租赁楼层分布层，层高____，始建日期________

4．正门朝向________路，旁门朝向________路

主干道路名称____________________________

5．房产性质

固定□ 临建□ 租赁□ 自行开发□

产权所有人________

初谈租金________元/（天·平方米）

________元/（年·平方米）

6．联系人姓名________ 部门________

职务______________ 电话________________

另附：

1．目标店建筑平面图（A4纸）

2．目标店所处区域具体位置图（可用当地交通地图局部复印，A4纸）

备注：

1．目标店内部现有状况

商城部位		基本条件	备注
结构	户外广告		
	停车场		
	外墙		
	天棚		
	地面		
	柱距		
	内墙		
	楼梯		
	入口		
楼梯	电动扶梯		
	货梯		
	客梯		
	步行梯		
空调	主机		
	末端设备		
	风口　风管		
	新风系统		
	暖气		
通信	电话		
	电视系统		
	监控系统		
	网络		
消防	消防控制中心		
	消防喷淋系统		
	消防供电系统		
	消防电话　广播		
	消防分区　疏散通道		
	消防疏散指示		
	防火卷帘		
供电	供配电标准		
	动力配电		
	照明配电		
	备用电源		
	消防电源		
给排水	给水系统		
	排水系统		
	化粪池　沉淀池		
	通风系统		
	卫生间		

二、目标店周边环境（以三公里为辐射半径）

1．人口密度

40万人以上□　　30万—40万人□

20万—30万人□　　20万人以下□

2．家庭人数

5人以上□　　3人以上□

2人□　　1人□

3．文化水平

本科以上□　　高中以上□

初中□　　初中以下□

4．职业构成

公务员□　　国企□

私企□　　其他□

5．收入水平

5000元以上□　　2500—5000元□

1000—2500元□　　1000元以下□

6．消费水平

月收入的50％以上□　　月收入的30％—40％□

月收入的10％—20％□　　月收入的10％以下□

7．流动人口数量

人口密度的30％以上□　　人口密度的20％—30％□

人口密度的10％—20％□　　人口密度的10％以下□

8．产业结构

商业区□　　工业区□　　农业区□

9．交通状况表如下：

交通流量统计表

城市公交线路统计表

交通流量统计表

______年____月____日　星期____　调查时间自______至______

天气情况____________　气温____

	方向	时间	数量
行人 自行车	____至____	____时____分至____时____分	
	____至____	____时____分至____时____分	
	____至____	____时____分至____时____分	
	____至____	____时____分至____时____分	
	____至____	____时____分至____时____分	

（续上表）

私家车辆	____至____	____时____分至____时____分	
	____至____	____时____分至____时____分	
	____至____	____时____分至____时____分	
	____至____	____时____分至____时____分	
	____至____	____时____分至____时____分	
公交车 出租车	____至____	____时____分至____时____分	
	____至____	____时____分至____时____分	
	____至____	____时____分至____时____分	
	____至____	____时____分至____时____分	
	____至____	____时____分至____时____分	

填表人签字：

城市公交线路统计表

______年____月____日 星期____ 调查时间自______至______

天气情况____________ 气温____

序号	路线名称	起点	所在区县	终点	所在区县	途经站点（大站）	所跨区县
1							
2							
3							
4							
5							
6							
7							
8							
9							
10							
11							
12							

填表人签字：

10．是否有地铁站连接

有□ 没有□

11．消费者的购物方式

私家车□ 公交车□ 自行车 □步行□

12．自然、人为地理障碍

山脉□ 桥梁□ 铁路□ 没有□

13．是否有不同的商业行业企业（如有，请注明企业名称）

饮食业：____

____

服务业：____

____

娱乐业：____

____

邮电业、银行业：________________________________

____

14. 是否有同类型的家电卖场（如有，请注明卖场名称）

有□　　　　没有□

名称____

15. 请用文字描述该城市将来发展的计划，如交通网络的开发、社区发展计划及商业区的建设计划等。

第四节　实施步骤

工作流程

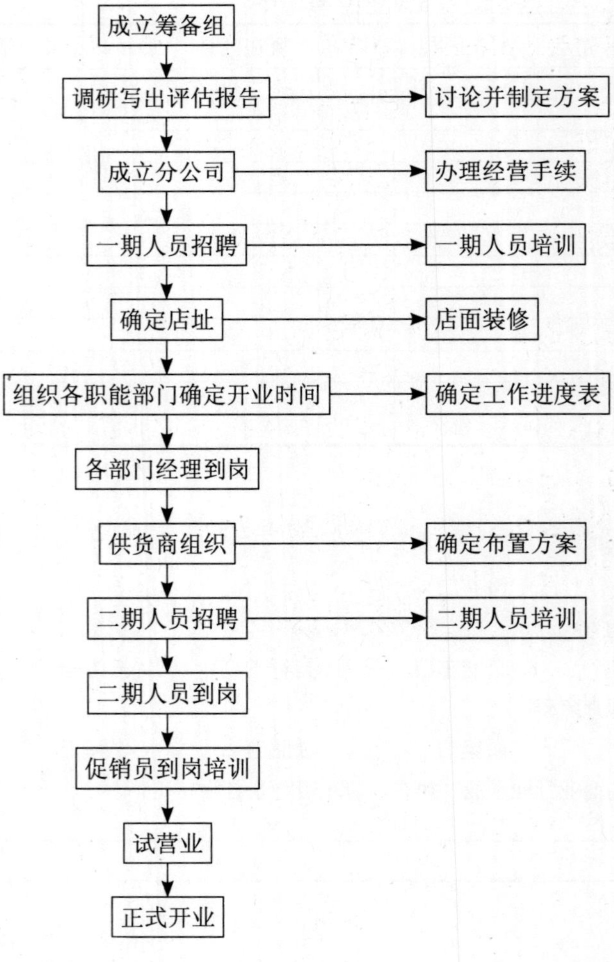

一、筹备组成立

1．人员组成：前期小组一般以三人为佳。经理、助理、文员各一名。

2．办公场所：前期调研所租房屋时限，大城市为三个月，中型城市两个月，小城市一个月。租金定在该市中等偏下水平。

房屋租约签署原则：

（1）验证房屋的各项合法手续：产权证、过户或转让证明、税单、是否抵押；

（2）免租期尽量长；

（3）合作方式严禁抽成方式；

（4）协议明确不支付任何佣金；

（5）明确各项赔偿责任，尤其互不承担财产保险责任；

（6）我方拥有房屋的使用权；

（7）我方可进行部分转让；

（8）有优先续约权；

（9）租金一谈10年总额，前低后高，不采用递增方式；

（10）要有完善退出机制，以60天为宜；

（11）租金以月付为主，需预付的要有折扣条件；

（12）押金的有效期尽量短，折抵速度要快；

（13）尽量不付定金；

（14）物业服务项目尽量由对方承担，水、电、暖费用要明晰，用电量为200千瓦；

（15）对方态度比较急切的，要慎重。

3．各项补助依行政部有关规定。

4．调研方式：开车、骑车、步行、所有公共交通、上网、问卷调查、走访、电话、传真、E-mail等。

5．填写表格提交评估报告（方法见评估手册）。

6．总部反馈意见。

7．就总部反馈问题再调研并提交报告。

8．工作完成。

二、分公司成立前期工作

流程如下：

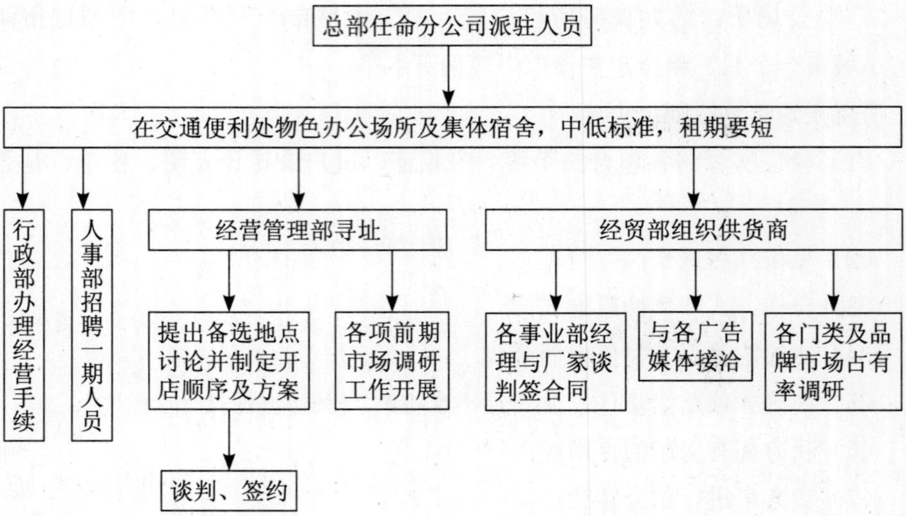

附：房屋租赁合同样本

出租方（以下简称甲方）
公司名称：
公司地址：
法定代表人：

承租方（以下简称乙方）
公司名称：××市××电器有限公司
公司地址：
法定代表人：

根据《中华人民共和国合同法》及有关规定，为明确甲方与乙方的权利义务关系，双方在自愿、平等、等价有偿的原则下经过充分协商，特订立本合同。

第一条　租赁内容

1．甲方将位于________市________区______号楼租赁给乙方。甲方对所出租的房屋具有合法产权（详见附件）。

2．甲方租赁给乙方的房屋建筑面积为______平方米，使用面积为______平方米（详见附图）。甲方同意乙方所租房屋作为经营（含联营）用，其范围以乙方营业执照为准。位于该建筑物的______为乙方广告位置，共______平方米，楼外停车场______平方米可供乙方免费使用，期限按本合同有效期执行（广告申请、制作费及日常费用由乙方承担）。

3．甲方为乙方提供的房间内有：中央空调（冷气、暖气）、消防设施、滚梯、货梯及供配电等设备。上述设备的运行及维修费用，包含在租金之内，乙方不再另行付费。

第二条　租赁期限

4．租赁期______年，自______年____月____日起至______年____月____日止。

第三条　租金及其他费用

5．合同有效年度租金共计为____万元（人民币）。

______年____月____日至______年____月____日租金为______万元

______年____月____日至______年____月____日租金为______万元

______年____月____日至______年____月____日租金为______万元

……

6．每一个租赁年度按四个季度计算。

7．电费按日常实际使用数（计量）收费，每月10日前交上月电费（甲方出示供电局收费发票）。其他费用，双方协商补充于本条款内。

第四条　双方的权利和义务

8．甲方

（1）甲方应保证所出租的房屋及设施完好并能够正常使用，并负责年检及日常维护保养、维修；凡遇到政府部门要求需对有关设施进行改造时，所有费用由甲方负责。

（2）对乙方所租赁的房屋装修或改造时的方案进行监督和审查并及时提出意见。

（3）甲方保证为乙方提供200千伏安的供电额度。

（4）完好并及时地向乙方所租用的房屋提供中央空调、电梯、电源及其他设施，遇有故障应及时修复（小故障应在2小时内解决，大故障应不超过6小时解决）。夏季保证室内温度在24摄氏度以下，冬季保证室内温度在18摄氏度以上。

（5）负责协调本地区各有关部门的关系，并为乙方办理营业执照提供有效的房产证明及相关手续。

（6）甲方保证室内原有的电线、电缆满足乙方正常营业使用，并经常检查其完好性（乙方自设除外），发现问题应及时向乙方通报。由于供电线路问题给乙方造成经济损失，甲方应给予乙方全额赔偿。

（7）在合同期内，甲方不得再次引进同类（家用电器）商户。如违约应向乙方赔偿____万元人民币经济损失费，并清除该商户。

（8）甲方应保证出租房屋的消防设施符合行业规定，并向乙方提供管辖区防火部门出具的电、火检合格证书复印件（详见附件）。

（9）上述设备、设施出现问题甲方应及时修复或更换，如甲方不能及时实施，乙方有权代为修复或更换，费用（以发票为准）由房租扣除。

9．乙方

（1）在国家法律、法规、政策允许的范围内进行经营及办公。

（2）合同有效期内，对所租赁的房屋及设施拥有合法使用权。

（3）按合同内容交纳租金及其他费用。

第五条　付款方式及时间

10．乙方在签订合同时付给甲方______元人民币为定金，在正式营业后五日内将首季度的租金(冲减定金后)余额____万元人民币付给甲方。

11．乙方从第二次付款开始，每次在本季度前五天交付。

12．乙方向甲方支付的各项费用可采用银行转账、支票、汇票或现金等方式。

13．本合同签订及甲方收到定金后，甲方应在15日之内将房屋腾空交给乙方。

第六条 房屋装修或改造

14．乙方如需要对所租赁房屋进行装修或改造时，必须先征得甲方书面同意，改造的费用由乙方自负。在合同终止、解除租赁关系时，乙方装修或改造与房屋有关的设施全部归甲方所有（可移动设施除外）。

第七条 续租

15．在本合同期满后，乙方有优先续租权。

16．乙方如需续租，应在租期届满前三个月向甲方提出，并签订新租赁合同。

第八条 其他

17．甲方和乙方中任何一方法定代表人变更、企业迁址、合并，不影响本合同继续履行。变更、合并后的一方即成为本合同当然执行人，并承担本合同的内容之权利和义务。

18．本合同的某项条款需要变更时，必须用书面方式进行确定，双方订立补充协议，接到函件方在十天内书面答复对方，在十天内得不到答复视同同意，最后达成补充协议。

19．双方各自办理财产保险，互不承担任何形式之风险责任。

20．乙方营业时间根据顾客需要可适当调整。

第九条 违约

21．甲、乙双方签订的房屋租赁合同。乙方已交纳定金后，甲方未能按期完好如数向乙方移交出租房屋及设备，属于甲方违约。甲方每天按年租金的1%向乙方支付延期违约金，同时乙方有权向甲方索回延误期的定金，直至全部收回终止合同。

22．在合同有效期内未经乙方同意，甲方单方面提高租金，乙方有权拒绝支付超额租金。

23．任何一方单方面取消、中断合同，应提前三个月通知对方。

24．乙方未按时向甲方支付所有应付款项属于乙方违约，每逾期一天，除付清所欠款项外，每天向甲方支付所欠款1%的违约金。超过60日甲方有权采取措施，收回房屋。

25．因不可抗拒的因素引起本合同不能正常履行时，不视为违约。甲方应将乙方已预交的租金退还给乙方。

26．因甲方原因使乙方未能正常营业，给乙方造成经济损失，由甲方承担责任并赔偿乙方经济损失。

第十条 合同生效、纠纷解决

27．本合同经甲、乙双方单位法定代表人或授权代理人签字后，乙方交付定金后生效，即具有法律效力。

28．在本合同执行过程中，若发生纠纷，由双方友好协商，如协商不成时，可诉请房屋所在地人民法院解决。

29．本合同未尽事宜，由甲、乙双方协商解决，并另行签订补充协议，其补充协议与本合同具有同等法律效力。

30．甲、乙双方需提供的文件作为本合同的附件。

31．本合同正本一式四份，甲、乙双方各执两份。

第十一条　附件

32. 本合同正文共五页，随本合同共五个附件：

附1：甲方有效房产证明复印件

附2：租赁位置平面图

附3：用电及防火安全合格证复印件

附4：甲方营业执照复印件

附5：乙方营业执照复印件

33. 本合同附件一式两份，双方各执一份。

甲方：	乙方：××市××电器有限公司
法人：	法人：
注册地址：	注册地址：
开户银行：	开户银行：
账号：	账号：
签字日期：　　　年　月　日	签字日期：　　　年　月　日
签字地点：	签字地点：

注意事项：

1. 签订此类合同时如合同租赁期为8年或10年，可将合同时间折分成三个或四个阶段，将来财务上印花税时，可为公司节省部分资金。

2. 将合同分成三个阶段，按不同的价位进行付款。

第五节　人力资源工作

一、成立筹备组

根据公司发展需要，确定先期到外地开发的人员，即成立筹备组，来拟定各部门的基本人选。通过会议的形式来确定筹备组人员名单，并分派任务。

二、人员招募

1. 根据分公司成立需要，总公司人力资源部以下列三种办法进行人员提拔：

（1）向分公司发“商调函”，符合条件的人力资源部以任命的形式调该人员到新的分公司工作。

（2）采取竞岗的方式，在各分公司选拔人才。

（3）通过媒体向社会公开招聘，选拔人才。

2. 了解地方的劳动政策

内容一：政府方面

（1）人力资源和社会保障局的各项规章制度；

（2）受雇人员档案管理规定；

（3）受雇人员薪资管理规定（含当地上一年度社会平均工资和最低工资标准）；

（4）受雇人员社会保险制度（当地社保内容）；

（5）统计局对人事工作的各项规定（主要指工资手册）。

内容二：同类行业之间

（1）雇员的工资组成情况；

（2）雇员的社保分配情况；

（3）雇员的个人所得税缴纳情况；

（4）雇员的加班付薪情况；

（5）发薪日期、形式。

结论：对于调研的内容进行统计，做出总结，并提出适合我公司的薪资方案。

3. 流程

社会招聘工作流程

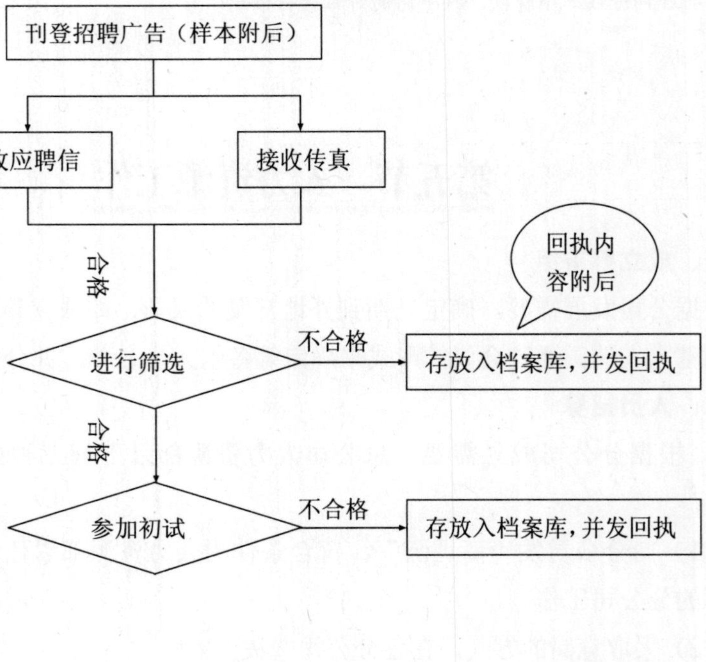

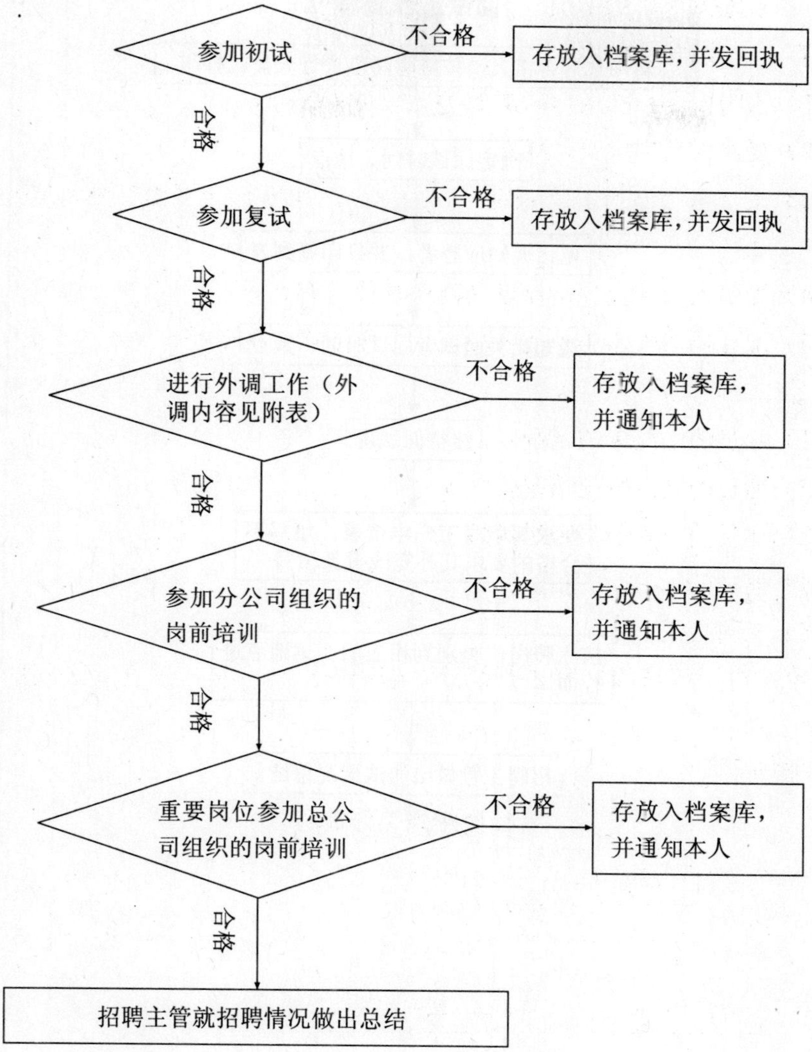
参加初试
不合格
存放入档案库，并发回执
合格
参加复试
不合格
存放入档案库，并发回执
合格
进行外调工作（外调内容见附表）
不合格
存放入档案库，并通知本人
合格
参加分公司组织的岗前培训
不合格
存放入档案库，并通知本人
合格
重要岗位参加总公司组织的岗前培训
不合格
存放入档案库，并通知本人
合格
招聘主管就招聘情况做出总结

面试工作流程

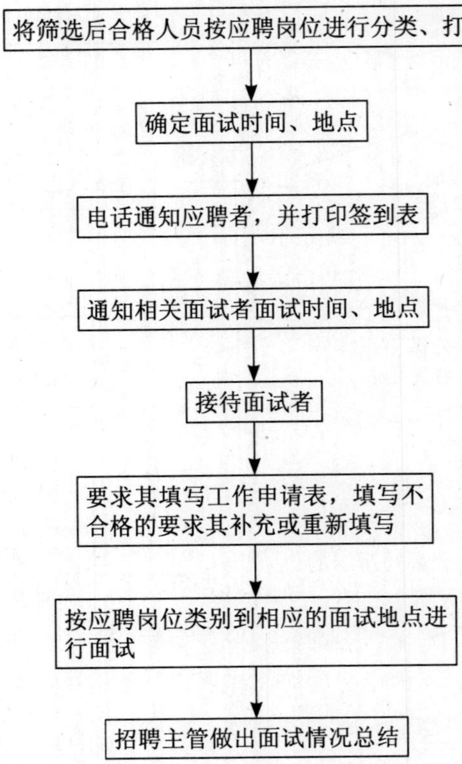
将筛选后合格人员按应聘岗位进行分类、打印
确定面试时间、地点
电话通知应聘者，并打印签到表
通知相关面试者面试时间、地点
接待面试者
要求其填写工作申请表，填写不合格的要求其补充或重新填写
按应聘岗位类别到相应的面试地点进行面试
招聘主管做出面试情况总结

第五章

商圈评估

商圈（trade area）是指一家零售商店的顾客所来自的地理区域，或商家能够吸引顾客的范围。根据来店顾客的比率，商圈又可以进一步划分为主要商圈、次要商圈和边缘商圈。在主要商圈，顾客占顾客总数的比率最高，每个顾客的平均购货额也最高，顾客的集中度也较高；而在次要商圈，顾客占顾客总数的比率较少，顾客也较为分散；至于边缘商圈，顾客占顾客总数的比率相当少，且非常分散。选择某个区域时需要了解大量的信息，为投资的决策提供依据。这些信息有：新店的选址和商圈范围，商圈的市场机会和发展潜力，消费者的购买行为和购买潜力，消费者和目标市场的特征，竞争对手的特征等等。全面了解这些信息，能够为我们的市场经营与投资战略提供必要的依据。这些信息，我们能够通过进行商圈分析研究获得。

在完成城市评估，决定在该城市选址之后，商圈的选择和分析也就成了后续的工作。那么在进行商圈分析之前还有两步工作必须要做，那就是在城市评估的基础上确定城市可能商圈，分析可能商圈形态和类型，并根据公司业务特征选择需要分析的商圈。

第一节　商圈分类

商圈形态的了解是进行商圈分析的基础，一般而言，商圈形态可分为以下几种：

◆ 商业区。商业行业的集中区，其特色为商圈大，流动人口多，热闹，各种商店林立。商业区的消费习性为快速、流行、娱乐、冲动购买及消费金额比较高等。

◆ 住宅区。该区户数多，须有1000户以上。住宅区的消费习性为消费群稳定，便利性、亲切感、家庭用品购买率高等。

◆ 文教区。该区附近有大、中、小学校等。文教区的消费习性为消费群以学生居多，消费金额普遍不高，休闲食品、文教用品购买率高等。

◆ 办公区。该区办公大楼林立。办公区的消费习性为便利性，外食人口多，消费水准较高等。

◆ 混合区。住商混合，住教混合。混合区具备单一商圈形态的消费特色，属多元化的消费习性。

具体需要选择什么形态的商圈去选址经营，则要看连锁经营的业务特点，属于什么样的细分行业。比如办公用品连锁，当然选择办公区为宜；文具连锁选择文教区最好。

商圈类型：

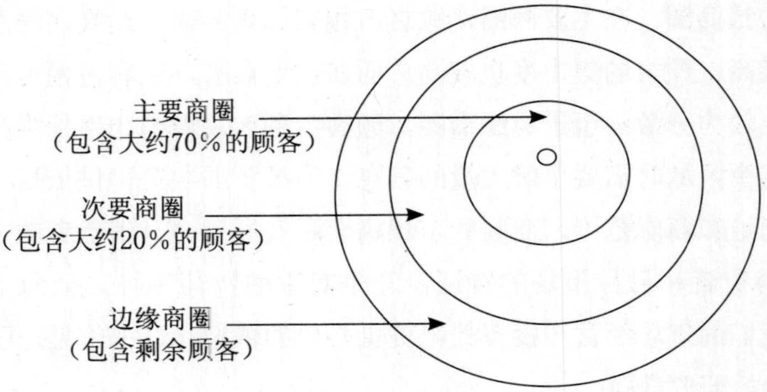

一般而言，我们把主要商圈也称之为集中型商圈，次要商圈和边缘商圈称之为分散型商圈。集中和分散型商圈各有其显著的特点。例如集中型商圈的特点就是：商圈内流动人口多(每分钟约30—40人)；商圈内住宅人口较多（约24000人以上）；区内之建筑物高且密集；商店集中且范围大；与本产业有互补性之商店多，且规模大（大型购物中心、超级市场、百货公司）；交通繁忙，车辆流量大；该商圈大多体现为“办商、商办、商住、商业、办住”结合的形态。分散型商圈主要特征为：商圈内流动人口少；商圈内腹地分散；区内之建筑物普通、老旧且高度不高；商店分散且范围小；与本产业有互补性之商店少，且规模小；交通不繁忙，车辆流量少；一般体现为“住、住商、住办、办、办住”等形态。

很显然，我们在选址时必须对其进行详细的分析，以确定其类型，确定该商圈中哪里是主要商圈，哪里是次要商圈，哪里是边缘商圈。进行门店选址的时候，最好选址主要商圈，次要商圈次之，边缘商圈最好不要涉足。

第二节　商圈调查与市场评估

一、商圈分析的定义

对卖场的商圈加以分析对新开卖场的地址选择具有非常重要的指导意义。从更宽泛的意义上来说，商圈与卖场经营活动有着极为密切的关系，无论新设或已设的卖场，都不应忽视对商圈的分析。所谓商圈分析，就是经营者对商圈构成的情况、特点、范围以及影响商圈规模变化的因素进行实地调查和分析，为选择卖场地址、制定和调整经营方向与策略提供依据。

二、商圈分析应考虑的关键因素

概括地说，在进行商圈分析时，有两个因素是非常重要的，它们分别是地理因素和商品因素。

1．地理因素

地理因素是指卖场所在地区的特点。例如在商业繁华地带，交通方便，流动人口多，有大量的潜在顾客，因而商圈规模也就较大。而那些设在交通偏僻地区的专卖店，顾客主要是分布在专卖店附近的居住人口，其商圈规模一般较小。在这种情况下，专卖店经营者只能根据自己的实力创造出独有的经营特色，以此来吸引远方的顾客，从而扩大自己的商圈。

2．商品因素

商品因素是指卖场所经营的商品种类，与商圈规模关系密切。每一顾客群总会表现出特定的消费特征，卖场在既定地区开展经营，商品只有投目标顾客所好，才能吸引潜在的顾客，商圈规模才会延伸扩展；反之，商圈规模会逐渐收缩。

3．商圈分析的重要意义

具体来说，商圈分析对新开卖场者来说是必不可少的。商圈分析的重要意义主要表现在以下几个方面：

（1）商圈分析是新开卖场选址的前提。

可以肯定地说，任何人开办卖场时总会力求选择一个拥有较大目标市场的地址，以便能在有效范围内吸引更多的顾客。这首先就需要经营者明确商圈范围，了解商圈内人口的分布状况以及市场、非市场因素的有关资料。在此基础上，进行经营效益的预测，衡量卖场地址的使用价值，再按照设计的基本原则，选定适宜的地点，使商圈、场址、经营条件协调融合。

（2）商圈分析有助于制定发展战略。

在新开卖场的发展过程中，如何进行市场开拓是一个非常重要的问题。显然，卖场经营方向、策略的制定或调整，总要立足于商圈内各种环境因素的现状及其发展趋势。商圈分析可以帮助经营者明确哪些是本卖场的基本顾客群，哪些是潜在顾客群，力求在保持基本顾客群的同时，大力吸引潜在顾客群，制定市场开拓战略，不断延伸经营触角，扩大商圈范围，提高市场占有率。

（3）商圈分析有助于加快资金周转。

绝大多数经营者在新开卖场之际，甚至在正常经营过程中，资金都不是非常充裕的，在多数情况下都是资金短缺。正因为如此，资金周转便成为新开卖场经营者必须考虑的一个重要问题。实际上，新开卖场之初，资金问题往往非常难解决。这主要是因为新开卖场时流动资金占用较多，要求资金周转速度快。卖场的经营规模受到商圈规模的制约，商圈规模又随着经营环境的变化而变化。当商圈规模收缩而卖场的经营规模仍维持原状时，就有可能导致卖场的一部分流动资金被挤占，从而影响资金周转速度，降低资金利用率。

（4）商圈分析有助于制定竞争策略。

在一个竞争激烈的市场环境中，任何有利于竞争的合法手段，经营人员都应当加以有效利用。应当认识到，在日趋激烈的市场竞争环境中，价格竞争手段仅仅是一方面，作用是很有限的。卖场在竞争中为取得优势，已广泛地采取了非价格竞争手段，诸如改善卖场形象、完善售后服务等等。这些都需要经营者通过商圈分析，掌握客流来源和客流类型，了解不同顾客的不同需求特点，采取竞争性的经营策略，赢得顾客信赖，也就能赢得竞争优势。

4. 商圈调查分析的内容

卖场地址是影响卖场发展前景的最直接因素，而调查商圈的市场状况、顾客状况和竞争状况，更是选择卖场地址及确定卖场经营方向的首要事宜。即使在同一地点开办卖场，不同行业及品牌的卖场所需要的商圈范围也是不同的。像那些高级名贵的品牌商品，由于价格昂贵，所以顾客会特别注意专卖店的信誉、品质、售后服务等。只要知名度高或是顾客对卖场的商品、服务、价格等认同，顾客就会不辞辛劳前来购买，也就是说这种卖场的商圈自然会很大。

商圈的分析主要从以下几方面入手：

（1）人口规模及特征，包括人口总量和密度、年龄分布、平均教育水平、拥有住房的居民百分比、总的可支配收入、人均可支配收入、职业分布、人口变化趋势以及到城市购买商品的邻近农村地区顾客数量和收入水平。

（2）劳动力的人力资本，包括管理层的学历与工资水平、管理培训人员的学历与工资水平、普通员工的学历与工资水平。

（3）供货来源，包括运输成本、运输与供货时间、制造商和批发商数目、可获得性与可靠性。

（4）促销，包括媒体的可获得性与传递频率、成本与经费情况。

（5）经济情况，包括主导产业、多元化程度、项目增长、降低经济和季节性波动的自由度。

（6）竞争情况，包括现有竞争者的商业形式、位置、数量、规模、营业额、营业方针、经营风格、经营商品、服务对象，现有竞争者的优势与弱点分析，竞争的短期与长期变动，饱和程度。

（7）卖场区位的可获得性，包括区位的类型与数目，交通运输便利情况、车站的性质、交通连接状况、搬运状况、上下车旅客的数量和质量，自建与租借卖场的机会大小，城市规划，规定开办卖场的主要区域以及哪些区域应避免开办卖场，成本。

（8）法规，包括税收、执照、营业限制、最低工资法、规划限制。

（9）其他，包括租金、投资的最高金额，必要的停车条件等。下面对上述内容做具体分析。

首先，人口特征分析：关于商圈内的人口规模、家庭数量、收入分配、教育水平和年龄分布等情况，可从政府的人口普查、购买力调查、年度统计等资料中获知。可从商业或消费统计公告中查到特定商品的零售额、有效购买收入、总的零售额等数据。

其次，竞争分析：在做商圈内竞争分析时必须考虑现有卖场的数量、规模和分布，新卖场开张率，所有卖场的优势与劣势，短期和长期变动以及饱和程度等。卖场过少的商圈只能满足商圈内部分消费者的需求；卖场过多的商圈，由于竞争激烈，以致每家卖场都得不到相应的投资回报。一个饱和的商圈卖场数量恰好能满足商圈内消费者的需求，这种关系可以通过饱和指数说明。饱和指数可由下面公式求得：

$$IRS = C \times RE / RF$$

公式中IRS为商圈的零售饱和指数，C为商圈内的潜在顾客数量，RE为商圈内消费者人均零售支出，RF为商圈内卖场的营业面积。假设在商圈内有10万个家庭，每周每个家庭在服饰上支出25元，共有15个卖场在商圈内，共有144000平方米销售面积，则该商圈的饱和指数IRS＝100000×25/144000＝17.36元/平方米。如果该商圈在近一段时间每平方米营业额为20元，则说明该商圈的商业卖场已饱和；如果每平方米营业额为25元，则说明尚未饱和，可以再设卖场。

再次，是对商圈内经济状况的分析。如果商圈内经济状况很好，居民收入稳定增长，则零售市场也会增长；如果商圈内产业多元化，则零售市场一般不会因对某产品的需求波动而发生大的变化；如果商圈内居民多从事同一行业，则该行业波动会对居民购买力产生影响，商店营业额也会相应受影响，因此要选择行业多样化的商圈开业。

商圈调查与市场评估

1. 商圈调查要点

（1）固定人口数、职业、年龄层。固定人口数的调查是相当重要的，它可以大略估计该商圈是否有足够让该店立足的基本客流量。例如人口数为10000人的A商圈，其上班人口及上学人口占3/5强，则A商圈基本上有6000人为上班人口及上学人口。

（2）流动人口。卖场的地理位置、流动人口的多少，直接影响该卖场经营的成功与否。不同时段的流动人口调查乘以流动人员入店率可得出客流量，并可粗略估算每日营业额。

（3）毗邻卖场。在两个卖场之间的位置是最好的，毗邻卖场的经营品种应是相互匹配或者相辅相成的，这样可以吸引他们各自的顾客进入卖场。购物中心龙头店的毗邻位置也是很好的位置，通常这些龙头店的广告会使其毗邻店受益。其他一些能吸引大量顾客的毗邻店也可列为考虑的范围。

（4）竞争店调查。正确选择竞争对手，了解竞争对手开办卖场数量、选址特点、销售规模、顾客特点、产品组合、价格水平等，有助于零售商借助竞争对手的商圈，了解消费者需求特点及经营方式，预测市场空间，快速选址及制定有效的零售策略。竞争调查通常采用观察法、访问消费者法、试买调查法、实地录像法等。

（5）可能开办卖场的数量。对于经营者，当考虑在某一地区开设新卖场时，通常会考虑今后的发展，如新开卖场经营成功后会增加卖场的数量。因此可能开设的卖场数量越多，发展前景越好，对零售商的吸引力也就越大。

（6）商圈未来的发展。诸如商圈未来人口增加数，学校、公园、车站的设立，道路拓宽改造，百货公司、大型超市、住宅区的兴建计划等都是商圈的发展潜力。商圈的发展潜力越大，零售商就越可以通过自身较强的竞争力迅速增加顾客流量及市场份额，从而达到预期的经营目标。

其他因素如娱乐设施、周边建筑群等使现代购物观念成为现实可能。将购物与娱乐合二为一：一方面，娱乐吸引消费者的注意力；另一方面，卖场激发消费者的购物欲望。二者默契配合将会增加商业机会。

2. 商圈范围设定

所谓商圈，指以卖场为圆心，以向外延伸一定距离为半径构成的一个圆形消费圈。卖场的绝大部分购买力来自该区域。商圈大小与卖场的经营规划、经营范围、所处地段、卖场信誉、交通条件等有密切关系，反映着卖场的经营辐射能力。商圈范围是卖场确定服务对象的分布、商品构成、促销方法和宣传范围的主要依据。商圈的层次划分受各种因素的制约，其形态往往呈不规则形状。但从理论上说，商圈结构的3个层次可以用3个大小不等的同心圆来表示。其关键在于确定各层次的半径和距离。现以位于居民小区的零售店为例，一般以半径500米为主商圈，半径1000米为次商圈，半径1500米为第三商圈，步行所需时间分别为8、15、20分钟左右。此外也有来自商圈之外的购买力，如流动购买力、特殊关系购买力等，但所占比例很小。

上述数字是经验数字，具体落实到每一间零售店，则需要第一手的居民调查数据作为修正依据。因为零售店经营业态、业种的不同及店铺规模大小的不统一，其商圈半径也会有很大的差别。总体上说，位于市中心或重要地段的卖场的商圈范围最大，可以辐射整个城市。在这里，除了正常的经营因素外，还应考虑到地形条件（如桥梁、河流、封闭式道路）、行政区划、传统购物流向等非经营性因素的影响。在某些地点，卖场也可借助大的卖场、名店的辐射力，尽量在空间上接近它们，以达到以最低成本扩大商圈的效果。

3．商圈范围评估

卖场的所在地点称为卖场立地。通过立地评估能够了解卖场本身的便利性，人和车的流向与流量、接近性、视觉效果等。立地评估比较偏重在卖场本身及视线所及的周围环境，能分析出预定开设的门市地点的优缺点，以决定在哪个地点开办卖场。

（1）商圈附近行人的评估。对于卖场，商圈评估的一个重要途径就是利用行人，对行人的估计有助于卖场地址的选择。通常顾客数和人流量成正比，但在同一个商圈，也存在着较大不同。因为在数条人行路线中，与主要路线距离远，人流量也会因分散而减少，差不多每相隔100米或是有岔路进来的地点，人流量便会急剧减少。尤其在宽敞的十字路口或车流量特别大的地方，在紧临的一边和对面的之间，以及马路左右边之间，就会产生较为强烈的反差。此外，还要留意有什么自然条件让人易于靠一边走，是否与能吸引人群的设施在一起，是否和通往目的地的道路相接等等。

为了更为直观地记录商圈内的人流量，最好画一张有道路网和重要设施的地图，依时间的不同，从车站的起点至终点，追踪预设的流向，并将其走向标示出来。同时还要检查目前的人流趋向是否稳定，是否在道路的某侧有什么吸引客人的设施即将建设，是否因此会使人流量有所变化等。

另外还须敲定卖场地址该设在直线型商圈的中间还是两端，如果周边没有集中购物设施，则可预测如果在人员流向的起点处出现大型卖场，而大型卖场的营业面积较大，很难使客人流向外面，因而应该考虑卖场地址是否选择通往大型卖场的路线上，会不会有影响这条路线的大规模开发以及一切有关市政规划和大型卖场开办的消息等。当然，也并非人流量大就卖什么都行，像早晚有许多换乘公共汽车的上班族必经的地方或是抢购球票的人们必到之地，尽管人流量较大，却并不适合家居生活类商品的销售。

（2）竞争对手情况评估。广义的竞争涵盖了“竞争”和“共生”，前者是指为了独占利益争个你死我活，后者则是共同分享利益，甚至互相合作来创造更多好处。因此，在分析商圈、调查竞争店的时候，要彻底打探自己的卖场与附近卖场的商品内容、功能是否相同，分析是否距离过近而互相牵制产生负面影响，或者彼此通过相互合作来增加这个地段的吸引力。对于竞争对手，应该深入察访其营业面积、商品种类、员工人数及待客技巧等，通过比较，发现自己的缺点。而对于共生关系的卖场，则应该看能否更进一步开发新的需求商品。

（3）营业额预估。可以通过卖场立地人流的多少及入店率，推算出未来卖场大致的营业额：预估营业额＝预估来客数×预估人均消费额。如果有数个卖场地点可以选择，那么立地分析的重点则在于找出最佳立地；如果只有单一卖场可以选择，立地分析的重点则在于找出立地的优缺点。可以根据分析后的结论来做规划以及行销或管理的计划。如卖场在巷内，则可以在主道路上设立辅助广告牌，增强广告宣传力度，以吸引更多顾客。

4．商圈范围评估技巧。商圈会受到商品及服务品质的影响，也受可否回应客人提出的要求的影响，可以仅就自己卖场里的情况划出范围，或是仅根据外部资料来描绘。

（1）根据区域位置。如果顾客须历尽艰难才能到卖场里来，那么即使住得很近，这地方也不能算进商圈。反之，如果卖场交通便捷，附近又有各具特色货品的卖场，客人即使要倒几次车，心理上也不觉得远，就可以算进商圈内。

卖场投资者最关心的当然是投资数量和投资回报率，但一定要经过估算，才可得出结论。而卖场营业额的估计必须以商圈的大小为依据。因此，一定要先定出商圈范围才能计算。

（2）根据商圈的形状。上下班或顺道常从卖场门前经过的，很可能会买东西，该客人居住的地方便能列入商圈；而虽住在附近却从未光顾您的卖场，宁愿到远处去消费，那么这个区域就不包含在商圈内，所以商圈的形状通常并不规则。

（3）根据消费者实际乘车或步行时间。无论估计顾客以何种交通工具前来，选址时都应该亲自用走路或乘车方式，顺着当地人平时购物的路线，看看道路的坡度、公共汽车线路及等车时间等状况，估算一下顾客如到卖场购物，坐公共汽车需花多少时间等车、坐车，还有对单行道等交通限制及塞车地点、程度，出入停车场是否方便等，也都应该有所了解。如此沿各道路测出消费者实际上移动的距离，做上记号，最后把这些点连起来，就能掌握商圈范围了。

（4）修正初步估计商圈。最后的工作就是对已初步确定的商圈进行修正，主要方法就是根据所经营的商品（服务）对卖场附近的顾客进行调查。

第三节　商圈评估流程

在确定进入城市，决定投资设店后，要怎样着手进行呢？它的流程是什么样的，以下是一个简要流程：

选址决策流程图

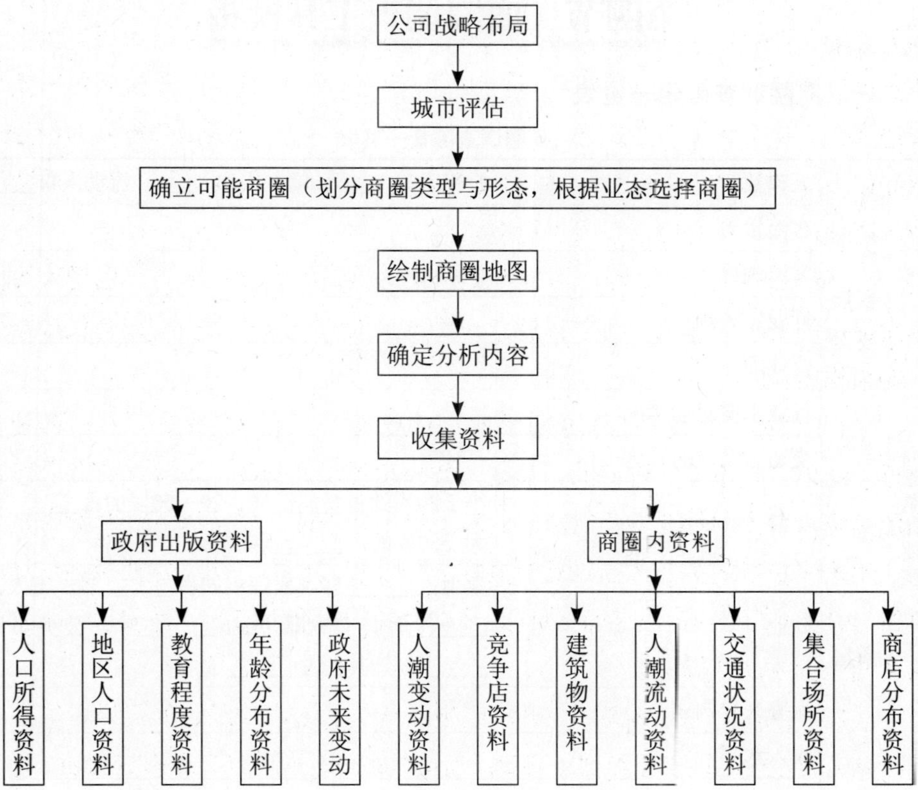

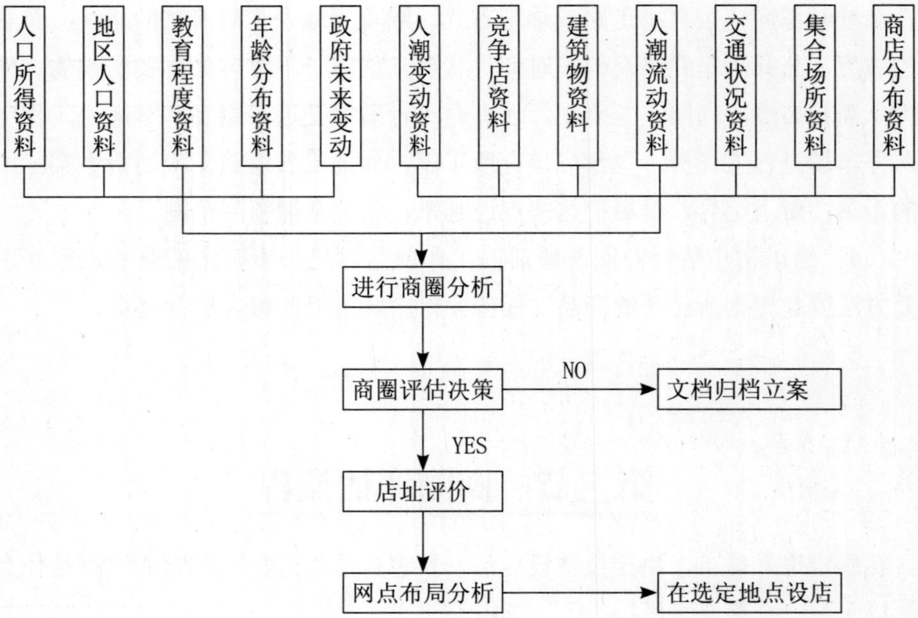

第四节　商圈调查工具模板

一、商圈调查因素一览表

商圈调查因素一览表

商圈总体要素	数量要素	人口数	户籍人口____人，常住人口____人，流动人口____人
		客流量	
		客流规律	
		行业销售额	
		营业面积	
		行业主要卖场状况	
		交通量及交通设施	
	质量要素	年龄	小于20岁的占______%，20—60岁的占______%，大于60岁的占______%
		职业	学生占______%，家庭主妇占______%，工人占______%，公司职员占______%，公务员占______%，其他占______
		家庭人口构成	
		收入水平	
		消费水平	
		消费特征	

（续上表）

		就业状况	
		产业结构	
		竞争店	
		互补店的分布	
		市政设施	
		城市规划	
竞争店因素	主体因素	竞争店规模、业态	
		竞争店的商品结构、楼层构成	
		竞争店营销及其组织活动状况	
		附加因素	
	附加因素	文化设施	
		公共设施	

二、加盟商需提供的商圈调查资料

总部非常重视对加盟店的店址进行考察，以确定加盟店是否符合要求。为进行商圈调查和市场评估，加盟商需提供以下资料：

加盟商需提供的商圈调查资料

类别		详细说明
位置资料	店面位置图	1．提供一份准备开设加盟店所在城市的地图，注明想要开店的位置，标示商业中心、超市、居民区分布及其相应的类型，距离店址500米以内的居民数量及收入情况、200米以内的居民数量及收入情况。 2．如果本地区已存在总部的加盟店，请在地图上标明。 3．注明将开设加盟店区域内其他竞争店的位置及与居民区的距离。 4．有关旧城改造和拆迁的信息。
	店面平面图	1．提供待选店铺的平面图，并附店址相关照片（正面近距离、左视近距离、正面远距离全景、左视50米远距离、右视50米远距离、店前街道全景、店面所在楼房全景等）与店面门头平面图。 2．描述店内地面、墙面、天花状况及其他店内情况以确定平面布置方案。
	同行资料	1．竞争店主营商品的类别与价格。 2．竞争店的平均规模：雇员数量、每日平均客户数量、营业额估计值、每周工作天数、店面面积、每天工作小时数、设备情况等。
	意向店铺资料	1．费用支出：店铺租金、工资、税金、水电费、设备投入及折旧。 2．销售预测。 3．盈亏平衡点分析、投资回收期预测。

（续上表）

	其他相关资料	1．加盟店所在城市价格表（高档、中档、低档）。 2．加盟人对当地市场判断情况、前景、现况的分析。 3．加盟人对所选位置判断情况、原因、开业后情况的分析。

三、商圈综合调查评估表

商圈综合调查评估表

分类	内容	点数					权数	得分
		A	B	C	D	E		
现场情况	商圈形态（以店铺为中心，半径500米）： A．商业 B．商办 C．商住 D．大学区 E．其他发展较弱者	5	4	3	2	1	4	
	主消费者年龄层： A．20岁以下 B．20—30岁 C．30—40岁 D．40—50岁 E．50岁以上	5	4	3	2	1	3	
	商圈发展潜力（未来性）： A．强 B．尚佳 C．平稳 D．走下坡 E．不佳	5	4	3	2	1	3	
	行人流通量（营业时间内平均每小时人数）： A．3600人以上 B．1200—3600人 C．400—1200人 D．150—400人 E. 150人以下	5	4	3	2	1	2	
	交通情况（车流、停车情况）： A．非常好 B．好 C．普通 D．短期内不佳 E．不良	5	4	3	2	1	2	
	竞争情形： A．竞争少，聚客力强 B．竞争多，聚客力强 C．普通 D．竞争少，聚客力弱 E．竞争多，聚客力弱	5	4	3	2	1	2	
	建筑物条件： A．新颖 B．尚佳 C．普通 D．老旧但外观尚好 E．不佳	5	4	3	2	1	3	
	店面位置（正面条件）： A．三角窗 B. 正面宽8米以上 C．正面宽6—8米 D．正面宽4—6米 E．正面宽4米以下	5	4	3	2	1	3	

（续上表）

	招牌条件（直横招牌条件）： A. 直招牌高度无限制 B. 直招牌高度有限制 C. 直招牌有干扰 D. 直招牌不能挂 E. 直横招牌设计都不合理	5	4	3	2	1	2
	装潢费用： A. 50万元以下　B. 50万—70万元 C. 70万—90万元　D. 90万—120万元 E. 120万元以上	5	4	3	2	1	4
	现场净空及拆除条件： A. 净空有利于装潢 B. 部分净空有利于装潢 C. 净空但条件不佳 D. 部分净空条件不佳 E. 全未拆除条件不佳	5	4	3	2	1	2
营运条件	营业时间（商圈平均营业时间）： A. 16小时　B. 12小时　C. 10小时 D. 8小时　E. 8小时以下	5	4	3	2	1	3
	预估月营业额： A. 10万元以上　B. 5万—10万元 C. 3万—5万元　D. 2万—3万元 E. 2万元以下	5	4	3	2	1	5
	租金： A. 5万元以下　B. 5万—8万元 C. 8万—12万元　D. 12万—16万元 E. 16万元以上	5	4	3	2	1	4
	押金： A. 10万元以下　B. 10万—20万元 C. 20万—30万元　D. 30万—40万元 E. 40万元以上	5	4	3	2	1	1
综合	□A级215—180分　□B级180—130分 □C级130—100分　□D级100分以下	合计					
主管核示		填表时间		填表人			

第五节 商圈调查分析报告

一、区域环境研究

1．区域综述

◆ 江北区观音桥位于重庆渝中半岛和北部地区的几何中心，是传统的商贸繁华区域，是重庆市人民政府确定的五大商圈之一，是江北区政治、经济、文化中心和交通枢纽。

◆ 观音桥商圈以观音桥转盘为中心，建新东、南、西、北路为辐射方向，半径1000米内区域。

◆ 商圈作为北部城区商业发源地，凭借毗邻解放碑及新区优势，曾为20世纪90年代中期的第二大商圈，但随着交通改善，商业结构、布局不合理而出现“商业空心”现象，限制了一些大型、综合性商业物业在此发展。

◆ 随着观音桥商圈的重新规划并开始实施，该地块逐步成为成熟的商圈。

（1）2003年，龙湖·北城天街、协信·黄金海岸投入使用，使该商圈的整体形象得到了很大改观，商业布局初具雏形。

（2）2004年，对观音桥商圈进行了重新定位，政府意在把观音桥商圈建为极具特色的休闲、娱乐、购物场所，集中体现“重庆的名片、城市的客厅、市民的乐园、消费的天堂”四个方面的文化消费内涵。

（3）2005年2月，2万平方米的嘉陵广场的正式开放，进一步定位了观音桥生态商圈的形象，在规划中，观音桥商圈面积将达到42公顷，目标直指西南地区最大的生态商圈。

2．商圈环境分析

◆ 商业环境

日人流量	辐射消费范围	商业营业面积	商业形态
20万	江北、渝北、北部新区	70余万平方米	百货、家电、建材、餐饮、娱乐等

大型商业项目：（分类）

购物型商业：

龙湖·北城天街（名店坊、华联商厦、远东百货）、天街2号、CEPA香港城、茂业百货、新世纪百货、重百、协信铜锣湾广场（黄金海岸）、金源地下城等。

家电卖场：

国美、苏宁、商社以及即将开业的大中电器等。

建材卖场：

青田家私广场、营业面积4万平方米的建玛特、南亚家具广场、金观音家具广场等。

大型超市：

家乐福、福建永辉超市、新世纪超市等。

餐饮、娱乐项目：

分布区域较为散乱，欧式一条街、北城天街、金源地下城、协信铜锣湾广场等，金源地下城内餐饮定位中高档，借助金源大饭店超五星级的配套，在高端群体中有一定的认知度，金源•时代俱乐部整合娱乐的消费模式也得到消费者的认可，其他的餐饮、娱乐项目主要为商圈配套的点缀，未能形成商圈的核心消费点，且在消费者心中认知度也都不高。

◆ 交通环境

观音桥位于江北区交通枢纽，多路公交车可达城市各主要区域，到解放碑20分种车程，到沙坪坝约30分钟，到南平约30分钟。从观音桥商圈的辐射区域来看，区域内通过公交、小巴、环城车等交通工具，在20分钟以内均可到达。

◆ 人口及产业构成

当前情况

目前观音桥商圈的商业辐射区域主要包括江北区、渝北区、北部新区，辐射人口100万以上。江北、渝北不属于传统意义上的经济强区，但随着区域房地产市场的开发，大量中高档楼盘的兴建，北部新区的兴起，城市居民纷纷选择在该区置业，仅此带给北部新区的新增人口就达10万人以上，且北部新区逐渐形成重庆主要的富人聚居区域之一，彻底颠覆了该区域传统的人口结构。

区域主要以第二、第三产业为主，汽车摩托车、电子通信设备、医药、日用化工为区域的主要支柱产业，江北是重庆北部商贸中心，观音桥农贸市场年成交额在全国同类市场排名第二。

未来发展

随着区域房地产市场开发的进一步深入，江北城CBD的兴建，北部区域新增人口将达20万—30万人，大量城市配套的建设将大力促进区域第三产业，尤其是餐饮、娱乐以及流通商业的发展。

二、主城区各个商圈对比分析

1. 商业体量

商圈	当前供应量2005年	预计近期供应量2006年	预计远期供应量2010年
解放碑商圈	100万	30万	75万
沙坪坝商圈	20万	30万	40万
南坪商圈	26万	30万	45万
杨家坪商圈	20万	34万	40万
观音桥商圈	70万	32万	45万

2. 商圈特色

内容 商圈名	步行街	商业面积	吸纳和辐射面（人口）	特殊题材
解放碑	建成时间最早，市内影响范围最大8万平方米	100万平方米以上	100万以上	中央商务区
沙坪坝	在全国较有影响，8万平方米	20万平方米左右	100余万人	三峡文化、人性化、文化区
南坪	变数最大的步行街，33万平方米	约26万平方米	60余万人	吃在南岸，住在南岸，旅游在南岸
杨家坪	有最高的玻璃塔，18.9万平方米	约20万平方米	近100万人	轻轨横贯，周围有重庆动物园
观音桥	市民期待最多，42万平方米	70万平方米左右	80余万人	附近桥梁最多，临近北部新区

三、区域板块分析

1. 商圈各区块分析

◆ 北城天街区块

区块范围

洋河大道及建新北路沿线。

概述

步行街外商圈的主要商业分布区，集中了北城天街（华联商厦、远东百货）、CEPA香港城、天街2号、茂业百货、新世纪百货等观音桥商圈的主力营业店。

商业类型

大型百货商场、品牌店、零关税商场、特色餐饮、休闲娱乐、快餐店、移动通讯城、电影城等。

主要商业营业面积

名称	世纪新都	茂业百货	北城天街	天街2号	CEPA香港城	总营业面积
营业面积	1.4万平方米	8万平方米	14万平方米	2万平方米	2万平方米	约38万平方米

租金价格带

◆ CEPA香港城租金情况

楼层	经营范围	租金情况	出租情况
5F	茶餐厅、美容、服饰	80—200元/（平方米·月）	50%
4F	服饰、美容、居饰	100—200元/（平方米·月）	80%
3F	服饰、美容	200—250元/（平方米·月）	90%
2F	服饰、美饰、皮具等	250—300元/（平方米·月）	95%
1F	餐饮、通讯、服饰等	300—450元/（平方米·月）	95%以上

◆ 天街租金情况

楼层	经营范围	租金情况	出租情况
5F	电影娱乐城	150元/（平方米·月）	—
4F	特色餐饮、娱乐	150元/（平方米·月）	100%
3F	中西快餐、家居城、速博运动城	200—300元/（平方米·月）	95%
2F	服饰、化妆品、通讯	200—400元/（平方米·月）	95%
1F	时尚女装街	300—500元/（平方米·月）	95%
GF	时尚精品街	300—500元/（平方米·月）	98%

消费区间及消费特征

该区块集中了观音桥商圈的主要商业形态，为商圈的核心区域，区域内有远东百货、茂业百货等中高档商业，也有CEPA香港城、北城天街、华联商厦等面向普通阶层的大众商业，购物环境及氛围较好，另外区域内有少量的特色餐饮、茶餐厅及美容等商业内容，一般情况下，该区域为观音桥商圈的主要购物区块。

区块市场特征及发展趋势

目前区域市场已基本定型，主要是购物特征，由于区块处在步行街外，各类交通车可直达，紧邻的欧式一条街有一定量的餐饮，目前尚未形成此类业态的氛围，未来比较看好。

◆ 金源地下城区块

区块范围

金源大酒店地下商城，嘉陵公园下面。

概述

金源不夜城位于观音桥步行街金源大饭店下一层。上面是江北区“市民中心”，与规划中的轻轨3号线站相连。建筑面积4.5万平方米，业态划分为三条街：美食街、休闲街、服饰精品街。集餐饮、娱乐、购物于一体的大型休闲场所。

商业类型

目前金源不夜城内主要商业项目有时代俱乐部、永辉超市、金源海鲜城以及部分服装饰品店、主题餐饮店、游戏厅等。其中，经营较好的部分包括时代俱乐部的歌剧院、慢摇酒吧、KTV和福建的永辉超市。

营业面积

金源地下城规划商业面积近3万平方米，目前在营业商业面积约2.8万平方米。

租金价格带

入市时，开发商承诺租金80元/（平方米·月），8年不变。

消费区间及消费特征

在餐饮、娱乐方面，如时代俱乐部、金源海鲜城以及各主题餐饮等，主要面向中高端客户，在服装、居饰等方面，价格一般较高，其中也有很多A货，福建永辉超市因商品价格比较优惠，在周围居民当中口碑甚好。

区块市场特征及发展趋势

按照开发商金源大饭店的最初设想，金源不夜城不仅仅是饭店的一个集餐饮、娱乐、购物于一体的大型休闲场所，还应成为重庆娱乐休闲的新地标。而园林景观与拉斯维加斯建筑风格的完美融合，相当于一般地下商场两层的层高，良好的换气系统正在向我们彰显它一流硬件设施的气派。随着轻轨3号线的建成，届时金源不夜城的市场前景更加被看好。

◆ 家乐福区块

区块范围

建新东路口至建新南路沿线。

概述

该区块为观音桥商圈重要的一极，重点商业项目有家乐福超市以及协信·黄金海岸等，因项目落户较早，且自身品牌有一定的影响力，在周边居民心目中有相当的分量。

商业类型

购物超市、家电卖场、餐饮娱乐、临街小商铺等。

营业面积

商业项目	黄金海岸	家乐福超市	其他
营业面积	2.9万平方米	1.5万平方米	合计约1万平方米
合计	5.4万平方米		

租金价格带

临街商铺：租金带在80—200元/平方米。

黄金海岸：底层临街，租金350—450元/（平方米·月）；逐层递减。其5层近4000平方米，被音乐龙整体租下。

消费区间及消费特征

该区块目前除传统的商铺在经营电子、通讯类商品及部分餐饮小店外，其他主要分布在协信·黄金海岸和家乐福。因其品牌影响，家乐福对江北区的辐射范围较大，超市每天的人流量也较大；而对于黄金海岸，开发商想打造的是一站式商业步行街，地理区位较好，人流量也很大，但目前由于观音桥整体商圈消费倾向于北城天街区块，黄金海岸目前商家经营情况不太理想，因基础设施配套等原因，顾客很难停留下来。

区块市场特征及发展趋势

目前，区块商业氛围还不太浓厚，在市民印象中属商圈边缘地带，区块还未能很好体现其在观音桥商圈的价值。观音桥商圈逐步向建新东路扩展，以及周边城市还建工作的进一步开展，同时，步行街商业的逐步成型，将极大促进该区块商业的发展。

◆ 建新东路区块

区块范围

建新东路沿线至建东天桥段。

概述

该区块目前除苏宁电器、商社电器外，暂无其他稍有影响的商业项目，除上述两大专业家电卖场外，其他形式的商业基本上都是传统的临街小商铺。

商业类型

家电卖场、小餐饮店、零售通讯店等。

营业面积

商业项目	苏宁电器	商社电器	其他
营业面积	1万平方米左右	约5000平方米	约5000平方米
合计	2万平方米		

租金价格带

临街商铺租金多在100—200元/（平方米·月）。

消费区间及消费特征

目前，区块内主要商业形态为大型家电卖场，因为家电卖场的区位集中，在消费者当中有一定的认知度。除此之外，区块内其他商业仅为周围居民生活配套，消费层次较低。

区块市场特征及发展趋势

作为进入观音桥商圈的主要通道之一，现阶段区块内商业氛围主要停留在传统的商业零售及批发方面，另外，家电专业卖场的集中给区块带来了一定的商业气息。随着观音桥商圈的进一步扩展，建新东路将是发展的重点，发展潜力很大。

◆ 步行街区块

区块范围

观音桥步行街沿线。

概述

步行街区块的商业主要是最近才兴起，随着嘉年华大厦、财信大厦、未来国际大厦、同聚远景等项目商业部分的推出，原来“几乎空白”的步行街商业带迅速崛起。

商业类型

主要是大型商场及专业卖场。嘉年华大厦的商业部分为负1层至5层，营业面积约3万平方米，其负1层已经开始经营，主题为女性服装、鞋帽、饰品等的专业卖场，1层为银行和麦当劳，2至5层已基本敲定为数码大卖场。财信大厦由于新世纪的进入而显得充满活力，因此又名新世纪大厦，位于江田广场的书记新都即将在年内搬迁至财信大厦的1至7层，定位为新世纪百货重庆旗舰店，其新店预计在年内开业，且新世纪百货公司的办公总部也将搬迁至此。世纪金街项目为财信大厦商业部分之一，位于项目负1层，紧邻同样位于负1层的新世纪超市，营业面积5000平方米左右，主要经营思路是经营中低档服装、饰品等，类似香港城。由英利集团打造的未来国际大厦，定位是建造高达40余层的观音桥商圈地标性建筑，其商业部分分布在裙楼，5层营业面积约4万平方米，据悉，目前已经商定引进香港某高档百货，档次定位较高，可能为重庆档次定位最高的商场。

营业面积

商业名称	嘉年华大厦	财信大厦	未来国际大厦	同聚远景
营业面积	3万平方米	约4万平方米	4万平方米	约6000平方米
合计	11.6万平方米			

租金价格带

该区块因为项目性质比较接近，在租、售价格上也比较接近。以嘉年华大厦为例，其负1层租金为200—300元/（平方米·月），临街铺面租金为500—600元/（平方米·月），销售的价格在2.8万—6万元/平方米之间。

消费区间及消费特征

目前区块消费市场还未启动，就商业定位来看，主要是面向中、高档市场，这将是观音桥商圈另一个消费热点。

区块市场特征及发展趋势

轻轨3号线观音桥站点设在新世纪大厦下，由此带来的轻轨经济以及步行街经济在观音桥商圈的回归，将极大带动区块消费市场的发展。

2. 区块比较及发展趋势

◆ 区块商业规模及类型比较

区块名称	商业定位	现供应规模	营业规模	主要商业类型
北城天街区块	购物、娱乐	约50万平方米	约38万平方米	大型百货、综合型商业
金源地下城区块	娱乐、餐饮	4万平方米	约4万平方米	娱乐城、餐饮
家乐福区块	购物、娱乐	6万平方米	5.4万平方米	超市、综合型商业
建新东路区块	家电	3万平方米	2万平方米	家电卖场
步行街区块	购物	12万平方米	基本上未开始营业	高档百货、专业卖场

◆ 区块特征及走势

区块名称	区块商业特征	未来商业发展走势
北城天街区块	观音桥商圈商业最密集区域	紧邻欧式一条街，之后在餐饮、娱乐方面将有一定突破
金源地下城区块	地下商业版块	依托轻轨经济而形成的地下商业带，同时背靠金源大饭店的优势，其娱乐、餐饮方面的优势将更加凸显
家乐福区块	传统商业区域	城市还建工程的开展，将带活这个商圈的边缘经济区域
建新东路区块	传统商业区域	观音桥商圈扩展的首要区域，商圈经济有向建新东路延伸的趋势
步行街区块	新兴贵族商业区	轻轨在脚下延伸，该区域将是以后观音桥商圈购物的首站

第六章

商铺评估

备选店址一旦确定，就需着手进行评估。选址与评估工作都是由连锁总部统一计划和实施的，再一次体现了连锁经营的标准管理原理。评估应该具体，首先是要确定评估项目，其次是进行定量化评估，最后做出相关分析并选定店址，这是一系列的标准化流程。评估项目应视特许发展战略而不定期，主要包括店面结构、交通状况、竞争环境、顾客流量、店面成本、发展趋势六个方面。

第一节 从店面地理位置评估

从地理位置评估一个店址，应该看它从地理位置出发，属于商业中心型、准商业中心型、郊外型和居民小区型四类中的哪一类。再根据连锁店本身的性质来评估店址的优劣。

一、商业中心型店址

商业中心型店址，位于全市性的繁华商业区，这里各类商业、娱乐、服务设施林立，人流、车流量最大，店址的辐射力强，商圈范围也比较广泛。此类店址适合于各类连锁专卖店的开设。但是，选择此类店址一定要考虑其租金的情况。有时候高昂的租金可能令租户不堪重负。所以在开店之前要对整个店面的成本和租金及对利润产生的影响做系统而又全面的分析。

案例：好利来商业中心型店址选择

与传统正餐相比，以经营蛋糕、面包、点心为主的西饼店正以其特色获得很多消费者的青睐。对投资者而言，无论以哪种经营方式来运作西饼店，店铺位置的选择显得尤为重要。俗话说“一步差三市”，即开店地址“差一步”，就有可能“差三成”的买卖。因此，不管是加盟连锁品牌还是自创品牌，选址是否合理都是投资者首先考虑的重点。谈及市场上经营成功的西饼店，不能不提及好利来。这个1992年创办的企业已在全国70多个大中城市拥有900多家直营店铺，成为国内烘烤行业的龙头企业。

从2009年起，好利来加速在北京市场上的开店计划。据好利来开发部部长屈宝良透露，好利来将在北京开设一家旗舰店，面积在500平方米左右。作为好利来专职的开发管理人员，屈宝良讲述了连锁饼店在选址过程中遵循的规律。通过他的阐述，好利来在选址方面的经验将对投资者开店起到借鉴和指导作用。同时，开发商亦能了解这类卖场在选址过程中的诉求。

◆ 在人口密集处开店

“好利来经营的产品属于休闲类食品，顾客是具备了一定消费能力的人群。因此，在选址时首先要对选定的地方进行人群调查分析，看是否满足开店的基本要求。”在屈宝良看来，对人流量和购买力的分析是开店的基础。

通常而言，在人口密集处的地段开店，成功的几率往往比普通地段高出很多。好利来在选址之初会通过对人口密度、客流量、人口流动性的测算来预计人口密集的程度。例如，可以用每平方公里的人数或户数来确定一个地区的人口密度，人口密度越高，则进驻该区域的可能性越大。同时，在评估某具体项目时，应认真测定经过该地点行人的流量，这也就是未来商店的客流量。

经过以上相应的数据测算之后，好利来进驻的区域大致包含以下特征：首先，好利来会选择在城市的商业中心或者商务区开店。这些区域有大量的人流量，且面对的顾客多是白领阶层。例如，好利来在西直门、朝阳门外等地的店铺便是如此。其次，在临近居民区的街面房开店，面对的顾客群主要以当地居民为主，流动顾客群为辅。最后，包括在学校门口、人气旺盛的旅游景点、大型批发市场门口等地开店也是好利来考虑的区域。

此外，调查区域的购买力水平是好利来进驻与否的重要考核标准。也就是说，根据人流量来推算出店铺目标客户的数量。在人流量很大的城市商业中心或者商务区内，可以根据区域内写字楼和商场的档次来评定流动顾客群的购买水平。而如果在住宅区域内开店，则需要对小区内人口的收入水平进行随机抽样的调查，因为人口的消费水平是由其收入水平决定的。因此，以青年和中年层顾客为主，有较多可支配收入的居住区将会被好利来优先选择。

◆ 针对不同消费群体选择店铺规模

对于投资者而言，投资开设西饼店是属于周期长且灵活性较小的一种商业投资。店址的经营类型、规模大小和成本高低直接影响着目标市场、促销策略、商品构成等方面的因素。因此，在开店之初，投资者应对不同类型的店址作全面准确的评估。

店铺的选址在很大程度上取决于企业经营的产品种类和对于目标客户的界定。如果店铺经营的是以生日蛋糕为主，那商务中心或者人气旺盛的超市附近则是考虑重点。如果店铺经营的是以零食性的点心为主，则黄金地段并非是最好的选择。因此，投资者一定要根据不同的经营种类来确定最佳的开店地点。

“根据不同的消费群体来选择店铺的规模是好利来在选址过程中坚持的原则。目前好利来在北京店铺的规模通常是在60—150平方米之间，但根据环境的变化我们也会选择开设30平方米的小店铺和500—600平方米的大型店铺。”在屈宝良看来，店铺规模的大小与周围环境密切相关。

目前，店铺类型可以从地理位置、竞争等不同角度来进行区分。从地理位置角度来看，店址大致可以分为商业中心型、准商业中心型、郊外型和居民小区型四类。商业中心型店址位于城市的繁华商业区，周边商业配套设施发达，人流量巨大。此类店址适合于好利来这样的连锁专卖店开设。位于地区性商业中心的准商业中心型店址，有着重要的交通干线相联结，顾客流量较城市级商业中心少，尤其是流动顾客数量较少。随着城市人口的外迁而设立的郊外型店址，其经营成本最低。而位于大型居民区内的居民小区型店址，定位为小区的生活配套设施。

从竞争的角度出发，店址可分为竞争型和孤立型两类。竞争型店址是指同一商圈内有竞争对手存在。孤立型店址正好与竞争型店址相对，指商圈内没有上述两类竞争对手存在。总而言之，各种类型店址在运营时各自会面临不同的压力。例如在租金较低的地段客流量少，而客流量多的地方租金又非常高。因此，选择店址离不开对各类型店址的综合评估。

◆ 遵循两大选址标准

经过多年努力，好利来已拥有分布于全国70多个大中城市的900多家直营店铺。在屈宝良看来，要想打造一个成功的品牌连锁企业，店面的选址策略显得极为关键。“选址需要考虑很多细节方面的因素。比如对人流活动的线路考察就包括人从地铁站出来后是往哪个方向走，可能有人走到一个地方该拐弯了，则这个地方就是客人到不了的地方。同样在地铁站附近的两个店铺，会因为人流活动路线的不同而对生意产生巨大影响。”屈宝良说道。

因此，在落实到具体选择店铺的过程中，好利来一直遵循着以下两个方面的标准：第一，对物业所在区域的宏观经济考察成为了进驻的先决条件。具体从区域整体经济发展水平、周边商业配套情况、人流量等方面来评判。例如在繁华的商业中心和社区型的商业街上，其店面门前的人流量一定要具备开店的基础。因此，对所进驻物业周边的现状作出分析是好利来进驻与否的重要依据。

第二，重点考察开发商提供的物业是否能满足好利来正常的经营条件。好利来将从软、硬件两个方面来分析物业的具体位置。物业是否产权明晰，相关劳动力成本、房地租成本、能源成本、投资和税务政策等方面是否适合都是好利来在软件方面考察的重点。为了避免未来的经营风险，好利来会选择物业产权明晰且与企业发展理念一致的业主进行合作。

落实到具体硬件指标上，则要看房屋高度、格局和面积，是否具备上下水、足够电量和广告灯箱位。通常好利来要求层高不能低于2.8米，门面宽度在6米以上，建筑形态属于框架式结构。此外，所进驻物业区域内同业竞争、竞争对手相对位置、临街的可视性、门前停车场等微观层面的细节也是好利来在选址过程中需要考察的方面。

二、准商业中心型店址

准商业中心型店址位于地区性商业中心，有重要的交通干线相联结，顾客流量较全市性商业中心少，尤其是流动顾客数量很少。此类店址适合于食品、日用商品和各类专卖店的连锁经营。地区性商业中心介于市级和社区级商业中心之间的商圈，是指商业中度集聚、经营服务功能比较完善、服务范围为广域型的地区商业中心和集聚区。该等级商圈布局一般选择分布在各区通达性较好的地方，主要提供中间档次但购物频率较高的消费品，服务人口一般设定在20万人左右，确保满足区域内居民的购物、餐饮、休闲、娱乐和商务活动需要。

随着商圈的不断发展和整个城市功能的建全，某些区位条件好、交通便利的区域级商业中心将充分发展演变成为副市级商圈，甚至市级商业中心。

1. 区位特征：位于居民集聚区、交通枢纽、商务集聚区。

2. 功能特征：功能比较齐全，区域辐射优势比较明显。

3. 商业特征：网点比较密集，结构合理，业态多样，商业营业面积为10万平方米左右，能基本满足区域内居民的购物、餐饮、休闲、娱乐和商业活动需要。

4. 客流特征：服务人口为20万人左右。

三、郊外型店址

是随着城市人口的外迁而设立的店址，其顾客少但固定，经营成本最低。

四、居民小区型店址

位于大型居民集中居住网内，为小区生活配套设施。此店址最适合于食品、日用生活品等连锁商店的经营。社区级商业中心是指商铺一定程度集聚，主要配置居民日常生活必需品的商业行业和生活服务业的商业集聚区，满足本社区居民“开门七件事”，是最基本的商圈和城市服务体系。该级商圈是比区域级低一个等级的商业中心地，以大中型超市为主，有各类餐饮、文化活动中心、社区服务中心、邮局、银行、美容美发、沐浴、修配等各种服务设施。社区级商业中心的影响面主要为社区居民，一般在社区级商业中心的外来购买力不到10%。

通常认为，城市商业规划发展距市级、区域商业中心1—2公里以外的居住区，服务人口5万人左右，应有一个相应规模的社区级商业中心，这在控制性规划指标中都给出了相应的配套商业指标，商业营业面积为1万—2.5万平方米之间，同其他级别的商圈实现联动、错位发展。

第二节　从店面的竞争角度评估

从竞争的角度出发，看店址属于竞争型店址和孤立型店址两类中的哪一类。

一、竞争型店址

竞争是物竞天择的必然过程，我们无法回避。所以，身边可以看到很多种竞争。竞争的设计者不愿意看到的是竞争不足或者竞争过度。而事实上，处在天平绝佳平衡点位的竞争态势往往可遇而不可求。这取决于多种因素，天时、地利、人和。但是，环顾四周，却有很多真实的竞争，血雨腥风、辣手摧花，在“不经意间”形成了一种共生共荣的竞争生态……

竞争型店址指同一商圈内有竞争对手存在。竞争对手有两类：一是同类连锁商店，来自这类对手的竞争压力可谓最大；二是与本店有经营交叉的商店，如百货店、食品店、蔬菜店等。

◆ 为什么肯德基旁边总有一家麦当劳？

几乎每一个有麦当劳的地方，对面或附近一定有肯德基。反之亦然。在周边存在弱替代品（其他食品店）的情形下，它们这样面对面的竞争，是理性的还是非理性的？为什么采取这种竞争策略？

首先应该承认，肯德基和麦当劳这两家店有着绝对的相似店面选择流程，不管是客流量还是诉求对象，所以，对于两者的市场开发人员来说，选址一定有着同质性——如果一个地方肯德基可以开得很成功，附近再开一家麦当劳绝不会失败。毋庸劳神费力再去调查市场——这是两边市场推广人员心照不宣的——节约决策成本嘛，老板也不会不愿意。

领先者（不管是肯德基还是麦当劳）的选址依据自己的选址手册或培训，而这些预先设定的要求实质是市场经验。追随者要考虑手册，还要考虑同行的成绩。如果他选择扎堆，生意不好，同行的也不会好（同一地段/消费人群相同），这样经理人似乎有较小的被指责的风险；如果他另选新址，一旦失败，而同时同行的成绩很好，就面临被批评的危险。

追随者除了节省下选址前的调查费用，还可以窃取到领先者（竞争者）的内部信息（如价格水平、进货渠道）以期最大限度降低自身成本，当然也有可能与领先者达成共谋互通有无共同制定价格，营造出自由竞争的景象，使消费者在短时间内通过比较做出决策，促进达成交易，实现领先者与追随者的共赢。

在最后出现的“集聚效应”——有肯德基就有麦当劳的现象——导致了销售价的竞争和服务竞争，吸引了更多人的注意，扩大了销量，总利润得到提高。而两家之间表面惨烈的降价使得成本更高，降价空间相对狭窄的其他同质商家（小饭店等）被挤出市场。结果产生最终的吆喝就是：想吃洋快餐的往这边来喽！

好了，到了这一步，两家店明显减少了消费者的搜寻成本，一个喜欢吃肯德基的消费者看到麦当劳餐厅他就知道附近肯定有肯德基餐厅，反过来也一样！消费者意识到同质商品的价位，还会形成一种价格信息的完全性和确认性，有助于交易的实现。因为价格的对比很容易实现。而且，广告成本都省了！

二、孤立型店址

正好与竞争型店址相对，商圈内没有上述两类竞争对手存在。上述各类型店址各有利弊，如租金低的地段客流少，而客流多的地段房产价格又极其昂贵；竞争对手少的地段往往缺乏商业吸引力，而商业吸收力大的地段又总是拥挤着众多的竞争者，且觅得合适的店址非常困难。

第三节　其他要素评估

一、交通状况

仅仅作出了店址的区域位置等店面结构选择还不够，因为在同一个区域内，一个连锁店铺可能会有好几个开设地点可供选择，但有些地点对某个连锁店来说，是百分之百好的开设地点，而对另一种连锁店来说，就不一定是最满意的开设地点。因此，一个新设连锁店在做好区域位置选择以后，还要切实考虑多种影响和制约因素，作出具体设计地点的选择。

交通条件是影响连锁店铺选择开设地点的一个重要因素，好的交通条件决定了企业经营的顺利开展和顾客购买行为的顺利实现。

从企业经营的角度来看，对交通条件的评估主要有以下两个方面：在开设地点或附近，是否有足够的停车场所可以利用。绝大多数购物中心设计的停车场所与售货场所的一般比率为4∶1。规模较大的连锁店必须有专用汽车停车场，面积较小的连锁店可以不设专用停车场，但必须有自行车、三轮车停车场地。连锁店铺根据需要作出选择。

商品运至连锁店是否容易。这就要考虑可供连锁店利用的运输动脉能适应货运量的要求并便于装卸，否则当出现运货费用明显上升的情况，会直接影响到经济效益的发挥。为方便顾客购买，促进购买行为的顺利实现，对交通条件要作如下具体分析：设在边缘区商业中心的连锁店，要分析与车站、码头的距离和方向。一般距离越近，客流越多，购买越方便。开设地点还要考虑客流来去方向，如选在面向车站、码头的位置，以下车、船的客流为主；选在邻近市内公共车站的位置，则以上车的客流为主。设在市内公共汽车站附近的连锁店，要分析公共车站的性质，是中途站还是始终站，是主要停车站还是一般停车站。一般来说，主要停车站客流量大，连锁店可以吸引的潜在顾客较多。中途站与始终站的客流量无统一规律，有的中途站多于始终站，有的始终站多于中途站。要分析市场交通管理状况所引起的有利与不利条件。如单行线街道，禁止车辆通行街道，与人行横道距离较远，都会造成客流量在一定程度上的减少。

二、竞争环境

商店周围的竞争情况对零售经营的成败产生巨大影响，因此对商店开设地点进行选择时必须要分析竞争对手。一般来说，在开设地点附近如果竞争对手众多，商店经营独具特色，将会吸引大量的客流，促进销售增长，增强店誉，否则与竞争对手相邻而设，将难以获得发展。

当然，作为零售店铺的地点还是尽量选择在商店相对集中且有发展前景的地方，经营选购性商品的商店尤其如此。

另外，店址周围的商店类型协调并存，形成相关商店群，往往对经营产生积极影响，如经营相互补充类商品的商店相邻而设，在方便顾客的基础上，扩大了各自的销售。

三、顾客流量

从上面的论述中，我们可以看到店面结构和交通状况都影响着顾客流量。对其他影响因素，同样需要考虑到。

四、店面成本

店面成本包括很多方面，具体来讲，主要需要考虑以下几个方面：建筑物的新旧程度与装修成本，房地产价格与利用方式、利用期限，搬迁补偿费，水电增容费，有无城建规划限制等。

房地产价格与利用方式、利用期限。这是所有项目中最重要的一项。利用方式大致有四种：一是租房，二是买房，三是买房地产，四是买地盖房。此外，还可能通过联营、合作搞房地产、兼并等方式进行。因此，是否要拥有产权这一问题就变得非常突出。拥有产权，一次性投入大，但不会受租用期限和房地产涨价的限制，不用担心契约到期后不能续签造成的停业或迁址，而且还可享受房地产增值带来的利益，提高消化费用上升的能力和银行贷款能力。房地产价格对销售价格、投资回收期影响直接，而付款方式也会对实际价格产生影响，这些因素均应作具体的定量测算。例如搬迁补偿费，包括原有职工安置费；有无城建规划限制；有无良好的水电、下水道、暖气等条件；是否位于规划红线之外；有无绿地限制；能否加盖临时建筑等。

五、发展趋势

对店址发展趋势的评估其实就是要分析城市规划。商店的开设地点选择要分析城市建设的规划，既包括短期规划，又包括长期规划。有的地点从当前分析是最佳位置，但随着城市的改造和发展将会出现新的变化而不适合设店；反之，有些地点从当前来看不是理想的开设地点，但从规划前景看会成为有发展前途的新的商业中心区。因此，零售经营者必须从长考虑，在了解地区内的交通、街道、市政、绿化、公共设施、住宅及其他建设或改造项目的规划的前提下，作出最佳地点的选择。最后，零售经营者还要对商店未来效益进行评估，主要包括平均每天经过的人数，来店光顾的人数比例，光顾顾客中购物者的比例，每笔交易的平均购买量等。于是，零售经营者就可做出商店的开设地点和商店设置后开业的决策了。

◆ 理想店址的条件和要素

1．优良店址的三个条件

（1）未来十年以上的持续经营力

店铺选址是一项长期投资，关系着企业经营发展的前途。当外部环境发生变化时，其他经营因素都可随之进行相应调整，以适应外部环境的变化，而店址一经确定就难以变动。因此，企业在选址时，必须具有发展的眼光，不仅要研究现状，还要正确地预测未来。因为网点所在地区的状况时刻都在变化：交通条件在改善，竞争越来越激烈，周围环境更是在不断变化和发展。

对于一个企业来说，新选定的店址应具有一定的商业发展潜力，在该地区具有竞争优势，以保证在以后一定时期内都是有利可图的。例如，日本的大荣公司凭借其连锁集团的优势，利用进货后三个月支付货款的时间差，迅速调整各连锁店的销售收入，在非商业中心购买了地价较低的土地，兴建商业设施及其他不动产，等到商业发展、地价升高后，卖掉地产赚取差价，商业设施则作为本公司的连锁超市的一个网点。

（2）规模性的目标顾客群存在，任何超市都应把满足顾客需求作为其宗旨

每一个网点都应有一定规模的目标顾客，这是保证其经营达到一定规模的重要条件。一般的超市经营的主要是日常生活用品，受消费者购物行走距离规律的制约，消费者不大可能为一些日常生活用品而长距离地奔走。因而不大可能像大型百货商店或者是专业大型家用电器商店那样具有比较宽的流动顾客群体，只能主要依靠对一定规模的目标消费群体的服务，来获得比较稳定的销售收入。所以，能否拥有一定规模的目标顾客，是超市店铺选择应考虑的重要因素之一。

但是对于任何一个店铺来说，它的目标顾客群都是经常会发生变化的。市政规划、交通变革等都能导致顾客群的增加或减少，而这也成为预测未来顾客群的一个重要依据。例如，市政规划在某一地兴建一居民区，在居民区建立之初，居民较少，随着居民区生活设施及其他配套设施的不断完善和发展，居民也会日益增加，显然，在这样的地区设立连锁店网点，消费群的增加是必然的。像新建车站、码头、地铁出口、旅游景点、公共设施等均能增加消费群。无疑，在进行未来消费群的测定时，必须考虑到这些外部环境的变化。

（3）进出畅通的道路

优良店址的一个必备条件就是进出畅通的道路。道路的畅通与否不仅影响商品的安全性，而且影响商品的运达时间和运输费用。一般来说，要求与店铺有关的街道交通方便、道路宽阔、车辆进出自由，且店铺附近最好有车站。因为网点设在几个车站的交汇点附近，往往能吸引大量顾客前往购物。另外，店铺前拥有一个大的停车场，往往可以吸引远距离的顾客，扩大自己的商圈范围，特别是对于大型综合超市或仓储式商场而言尤为重要。

2．优良店址的三个要素

（1）足量户数和人口数的支持

企业必须了解其商圈范围内的中心圈、次级圈和边缘圈内各自居民或特定目标公众的数量和收入程度、职业分布、消费特点与偏好，以及到城市购买商品的附近农村地区顾客数量和收入水平。通过对这些情况的了解，可以对顾客的数量和质量有个较为准确的认识。一个选址优良的店铺必然拥有一批稳定的目标顾客，这就要求在其商铺范围内拥有足够多的户数和人口数。许多店铺设在有较强购买力、人口密度大的地区，其中一个重要原因，就是为了保证周围有持续旺盛的购买力。

（2）良好的道路与交通条件

只有在交通方便的地方设立店铺，才能给消费者提供方便，吸引更多的顾客。因此，企业必须调查城市内区域间的交通条件及区域内的交通条件，对商圈的交通网络进行分析。

另外，要注意城市规划对交通设施的影响。如街道开发计划，道路拓宽计划，地铁、轻轨、高速公路、高架公路建设计划，区域开发规划等等，都对未来的交通条件产生影响，从而影响该店铺的顾客群。企业必须及时捕捉、准确把握其发展动态。

（3）卖场面积的合理确定

对于超市卖场面积的确定可以根据预估的销售额指标来确定。除此之外，还要注意其他因素的制约影响。例如，超市店铺所在的城市、地区的经济发展水平、居民的收入与消费水平，超市店铺所处的具体商业地段的优劣，营业场所的租金高低，平均单位面积所能接待的平均顾客量，销售额和利润额的大小等。要在综合考虑以上各因素的前提下，合理确定卖场面积。

第四节　中国商铺租赁市场的门槛效应分析

租金成本对于任何业态的经营策略来说，都很重要。租金同时间一起消耗，不能更新或重生，原料可以再采购，商品可以再进货，而租金却属于不可回收的投入。所以，投资者对于租金十分敏感，当租金成本出现“甲地物流费用＋场租费用＞乙地场租费用”时，投资者就可能迁址。通过上式发现，乙地场租费用对投资者产生了阻碍作用，我们将其称为“门槛”。门槛的高低，决定了入驻者的多寡，这种即为门槛效应。在商铺租赁市场中存在的门槛效应，对商业街市、商铺吸引承租人、入驻企业质量以及日后区域租价变化都发挥着作用。如上海市某区重要商业街市上多为国有商业，为了减少国资风险，要求那些经营业绩欠佳的国有商业企业停止自营，全部出租。原来商铺紧缺，年租金达到1.2万元/平方米，后由于供大于求，造成租金下降，商铺租金缩水率为20%—30%。门槛低了，各类低档的非品牌店铺蜂拥而入，造成低层次竞争，价格战十分激烈，使得不少国内外品牌商品制造、销售商望而却步。由此可见，区域商铺租赁市场价格具有门槛作用。当租金过高时，会限制部分企业入驻；租金过低时，会造成入驻企业质量较低，导致租金下降。如何利用门槛效应，进行商铺租金制定、商铺招商，这需要商业管理者及商铺投资者谨慎定夺。

一、商铺租赁需要留意的问题

房地产市场中短期投机行为遭到抑制，许多人主动或被动地将房屋投向租赁市场，改为长线投资。在此情形下，租赁合同对于维护租赁双方的利益显得特别重要。

1. 签约人不是产权人怎么办？

如果签订合同之人不是产权人，则可能存在代理关系或者转租关系。若存在代理关系的，则需有产权人委托签约人的授权委托书原件（最好经过公证）；若存在转租关系的，则需要产权人同意转租的书面证明文件原件，并在合同中约定若产权人同意转租的书面证明文件不真实时，转租人应承担何种责任。另外还需要注意产权人为几人共有，当签约人仅是其中一人时，需有未到场的其他产权人授权委托书原件或者同意出租证明原件等。如果不是上述情形时，则承租人应当格外小心，不要贸然签约，以免上当受骗。

2. 如何支付房租和押金？

“付×押×”是租赁市场中对租金和押金支付方式的俗称，比如付三押一，即指租金按两个月为一期支付，押金数额为一个月的租金。具体几个月支付一期租金则由个人自身的状况决定。支付租金，作为承租人主要的义务，在合同中必须明确约定清楚每期租金的支付时间和方式，以及逾期未支付的违约责任。此种违约责任常见的形式为：每逾期一日加收一定比例滞纳金，且如果超过一定的合理期限（比如30日），出租人可以单方面解除租赁合同。这种形式既有利于保护出租人的租金收益，又能给予承租人合理宽限期。“押金”法律上称之为“租赁保证金”，主要用于抵充承租人应当承担但未缴付的费用。押金应支付多少，应当按照租期长短、装修程度、家具家电数量和价值等因素来确定。对于出租人而言，押金数额越高，保障性能越强。但许多人会把“押金”误解成“定金”。严格来讲两者属于完全不同的两个概念，只有在合同中有特别约定时，“押金”才具有“定金”的担保作用。

需要特别提醒的是，无论支付租金还是“押金”，若通过银行划账方式支付的，最好直接划入产权人名下的账户，并保留好相关划款凭证控制资金风险。何为免租装修期？“免租装修期”属非法律明确规定的概念，所以应当通过合同来约定其内容。免租装修期较多出现在办公楼、商铺租赁当中，主要是由于承租人在交房后需要在一段时间内对房屋进行装修后才能办公或营业。此种情形下，出租人同意不收取承租人装修期间的租金，但依据惯例，因使用而产生的水费、电费、电话费和物业管理费等仍由承租人支付。所以免租装修期的长短以及各种费用的承担，必须依据合同明确约定，而不能想当然地理解。

3．家具、家电等设施出现故障谁来修？

签订租赁合同时，对于家具、家电等附属设施、设备的维修义务应当明确约定。一般约定，因自然原因引起的功能减弱和正常使用而产生的损坏，应当由出租人承担维修义务，并承担相应费用；因承租人不当使用造成的损坏，应当由承租人承担维修义务，并承担相应费用。承租人迟迟不缴纳水费、电费、电话费等费用怎么办？依据前面所述，出租人可以用承租人的“押金”抵扣。但是，可能会面临的问题是，押金抵扣完了该如何办？因此，在合同中应当约定补足“押金”的方案，即每次出租人用“押金”抵扣相关费用后，承租人应当在合理期限内补足支付“押金”。如果经出租人通知后一定时间内未补足的话，则出租人可以单方解约，并追究承租人相应的违约责任。出租人迟迟拖延维修相关设施、设备的情况，也一直是让承租人头疼的问题。对此，承租人可以在合同中约定，如果出租人拒不维修的，承租人可以代为维修，但费用由出租人承担，并有权从应付租金中等额扣除。

4．出租人将已经出租的房屋出售给他人的，承租人怎么办？

相关法律、法规为了保障承租人的使用权，给予承租人两重保障：第一，出租人出售已经出租的房屋时，应当提前三个月书面通知承租人，承租人享有以同等条件优先购买的权利。第二，如果承租人不想购买的，也没有关系，依据合同法的规定，房屋所有权的变动，不影响租赁合同的效力。也就是说，即使出租人将房屋出售了，买方亦应当继续租赁合同，否则需要承担违约责任。

5．一方违约了，怎么办？

合同应当根据不同的违约情形，约定不同的违约责任。比如，若出租人逾期交付房屋，或者租期结束承租人逾期退租的，可以每日按高于租金标准收取违约金；若出租人擅自收回房屋，或者承租人擅自退租的，可约定一次性承担较高的违约金，也可以约定支付未使用租期的租金作为违约金。在约定违约金的数额上，办公楼或者商铺应当高一些，因为这两类的租金水平市场波动较大，如果违约金较低，违约成本较低，容易引发违约行为。特别是承租人对房屋进行过重新装修的，可在合同中约定出租人违约时除承担违约金外，还需承担相应装修补偿。

6．办公楼、商铺等非住宅租赁需要特别注意哪些问题？

首先，特别注意产权中的土地用途和房屋用途。如果土地用途和房屋用途与承租实际用途不相符合的，则承租人可能面临无法办理营业执照、无法通过相关审批手续等风险。

其次，需要了解相关商业规划和有关政策等。如果承租人将要经营的业态不符合相关的商业规划和有关政策，比如承租一个不可经营餐饮行业的房屋准备开设酒店，必将导致人力、财力的浪费。在无法确定的情形下，承租人可以在租赁合同中特别约定相关事宜作为解约条件，以此避免遭受不必要的违约责任。

再次，出租人应特别关注因租赁行为而需缴纳的税费数额，因为非住宅租赁的税费数额较高，且实际收税标准有诸多变化，出租人应当充分认识税费成本及变化风险，并在租赁合同中有所预防。

二、商铺出租的四个影响因素

1. 商业生地，商家不会进入

第一个原因是商家开业经营非常理性，不会赔钱经营。入驻率不高、周边消费人群不足的区域，往往被商家称为生地。让一个生地成为一个繁华闹市，可能需要很长的培养期。在这期间商家往往要赔钱经营。因为很少有商家愿意赔钱经营，所以，一个刚刚建成的社区，商家很难立刻进去经营。在这种情况下，新购买的商铺难以出租是正常的。投资者也许要等上两三年或者三五年。所以，投资者在投资商铺之前一定要想好，三五年内租不出去怎么办，能否扛得住，如果没问题，投资也无妨，毕竟不会因一个商铺的投资失误给未来生活带来太大麻烦。

2. 区域商业面积过大，新商业难以开业

第二个原因是区域商业经营面积饱和。区域内商业用房面积供应超过需求，过量的商业用房面积只能闲置，而难以出租，这就是市场的力量。所以，在投资前应了解一下项目的商业规模，再了解一下周边商业经营情况。如果周边已有大量商铺空着没有租出去，或者虽然出租情况还可以，但租金很低，再在这个区域进行商铺投资将是一件很危险的事。假如是一个大型社区，你可以算一算社区可以居住多少人，如果这个社区供应的商业面积超过了每人一平方米，那这个社区的商业面积已经过量了，再加上周边原有商业，投资这个社区商业肯定会有危险。

3. 商铺售价太高，导致租金拉高，商铺难以出租

第三个原因是商铺过高的售价拉高了房租。由于有些商铺售价很高，投资者为了尽快收回投资，常常将商铺的出租价格定得不合理，高过了周边正在经营中的成熟商铺的租价，这样的商铺是难以出租的，因为过高的租金增加了商家的经营压力。那么，商铺的投资者如何判断租金的高低和商铺售价的高低呢？其实，这一点儿也不难。到商铺周边问一问正在经营着的商铺的租金情况，然后投资者

再问一问欲投资项目商铺的售价。假设商铺投资回报期为10年，通过一个简单的除法就可算出即将投资商铺的租金水平，与周边目前经营中的商铺租金进行对比，如果高于周边商铺的租金水平，那么这个商铺投资压力就大了，也就是说不好出租了。如果将租金调低到周边商铺的租金水平，无疑将大大延长投资回报期。这样的商铺投资价值已大打折扣。

4．商业用房结构有问题

第四个问题是商铺的结构出现了问题而使商铺难以出租。商业用房的最终用途是商家经营使用。但很多商业地产项目开发前对后期商家使用功能重视不足，导致建成的商业用房商家无法使用，出租自然是困难的。例如，开发商为了销售方便，将商业店铺以单元为单位，一至三层或四层，两个单元之间是承重墙结构，造成了店铺之间互不相通。这种结构完全不考虑商家使用要求。由于商业业态不同，对经营面积、规划布局等使用要求也不同。如超市、百货、专卖店、餐饮等不同业态对层高、承重、柱距宽、进深、面宽、供电照明、人流、车流、排污、排烟以及商业店面门窗、门头外观等建筑结构的设计均有不同要求，这些要远比非商业用房设计复杂得多。不管商业使用功能的商业用房即使建成卖掉了，最后招商也会非常困难。其实，对商业使用而言，框架结构是比较好的，商家可根据经营需要进行任意组合分割。

第五节　商铺选址的工具模板

1．商铺选址现场情况评估表

<table>
<tr><td rowspan="2">基本资料</td><td colspan="2">地址</td><td colspan="2"></td><td>表单号码</td><td colspan="2"></td></tr>
<tr><td colspan="2">行政区域</td><td></td><td>商圈类型</td><td></td><td>变更使用</td><td>□是　□否</td></tr>
<tr><td rowspan="2">建筑条件</td><td colspan="3">□大楼有电梯
□大楼无电梯</td><td colspan="2">□窄人行道
□宽人行道</td><td colspan="2">共__层__楼，屋龄__年</td></tr>
<tr><td>外观</td><td colspan="6">□新　□旧　□老旧
大楼壁面：□瓷砖　□水泥粉光　□金属　□石材　□其他</td></tr>
</table>

基础设施	水	□自来水 □非自来水 □水压正常 □水压低 □水质不佳		
	电流		电载	
	电话			
	卫浴	□脸盆 □马桶 □浴缸 □明镜组 □莲蓬头	面积	平方米
一般条件	空调	□无 □窗型____台 □分离____台 □立式水冷 □立式氮冷 □其他		
	天花板	□无 □木作 □轻钢架 □日光灯盏 □坎灯盏 □投射灯盏 □其他		
	地面	□瓷砖 □木地板 □塑料地板 □地毯 □石材 □水泥 □磨石子		
	壁面	□水泥粉光上漆 □末作上漆 □壁纸 □木作贴壁纸 □石材 □其他		
消防安全	防火	□消火栓 □灭火器 □洒水系统 □侦测器 □火灾警报器 □瓦斯感应器		
	避难	□紧急电源 □紧急照明 □出口标示 □防火门 □排烟 □避难梯		
	逃生	□避难绳索 □滑台 □救助袋 □缓降机 □避难桥 □避难梯 □其他		
招牌广告	横招	□长__厘米，高__厘米，离地__厘米可利用__面：□折角□圆弧		
	直招	□宽__厘米，高__厘米，离地__厘米车道上，离地__厘米，可延伸至__楼		
	骑楼	□长__厘米，高__厘米，离地__厘米 □单面 □双面 □一单一双		
	立招	□宽__厘米，高__厘米，离地__厘米 □单面 □双面 □一单一双		
	方招	□宽__厘米，高__厘米，离地__厘米 □单面 □双面 □一单一双		
	法规	□不符 □横招 □直招 □立招 □方招 □无		

2．房屋租赁协议书（范本）

房屋租赁协议书（范本）

出租方（以下简称甲方）

承租方（以下简称乙方）

为了搞活市场，满足消费，本着公平合理、互惠互利的原则，经甲乙双方充分协商，特订立以下租赁协议条款：

（1）甲方提供位于________的房屋共________平方米，租赁给乙方作为经营场所。

（2）乙方向甲方支付经营场所使用金，全年计人民币________万元整，平均每月为人民币________元整，并以压付的形式支付经营场所使用费。即首期乙方向甲方支付经营场所使用费为人民币________元，此后按月支付。付款日为每月________日前付清下月经营场所使用费人民币________元整。如拖延一个月即作违约处理并自行终止协议，甲方即收回此店面。如若合同终止，即将乙方付给甲方的押金________元退还乙方。

（3）商场装修以及商场所需的设置均有乙方负责实施，但不得破坏原房屋结构，所有装修费用由乙方承担。

（4）乙方不得将经营场所转租给让人使用。

（5）经营中的水、电、电话等费用均由乙方自理，但甲方应协调保证乙方水、电、电话等的独立使用权以及电力容量在________千瓦以上。

（6）乙方必须依法经营，按国家规定缴税，税款须交税务局；主动接受有关部门的管理及监督，对外承担一切法律责任以及承担营销中的一切债权债务。

（7）乙方确保商品质量，不得销售假冒伪劣商品，规范服务，维护消费者权益，遵守有关部门的规定。

（8）甲方应配合乙方办妥符合乙方营业所需的各项证照（营业执照、税务登记证），提供办理所需的各项文件，如店面产权证等。

（9）甲方提供的场地门面正面归乙方使用，并保证具有与场地同等宽度和________米高度的招牌位置，与隔壁或楼长邻居之间的协调由甲方主要负责，乙方配合协调。

（10）甲方应保障乙方租期内店铺的合法性，办妥有关租赁规定，以确保乙方的正常经营。

（11）乙方派驻该店铺主要负责人为治安、消防、卫生的第一责任人。

（12）本租赁合同期为________年，即从________年____月____日起至________年____月____日止，装修期的免租期为____天。除国家重大政策的变化和不可抗拒的特殊因素外，任何一方提出变更、修改或终止协议，须提前一个月告知对方，经双方协商后方可实施，并赔偿对方经济损失。

（13）租赁期满后，甲方应考虑乙方的优先租赁权。如需续约，双方应提前两个月协商签约；如不续约，乙方即将经营场所等原物归还甲方，如有损坏适当赔偿。

（14）本协议一式四份，甲乙双方各持两份，经签字盖章后生效。

甲方____________________ 乙方____________________

代表____________________ 代表____________________

签约时期：　　年　　月　　日

第六节　案例分享——某著名连锁企业的选址体系

以下所举的三个案例都是逸马顾问服务的著名连锁企业。

一、某时装连锁企业

店址评估流程

公司名称：	××时装连锁	流程名称：	店址评估流程	流程级别：	级
生效日期：		索 引 号：		版 本 号：	

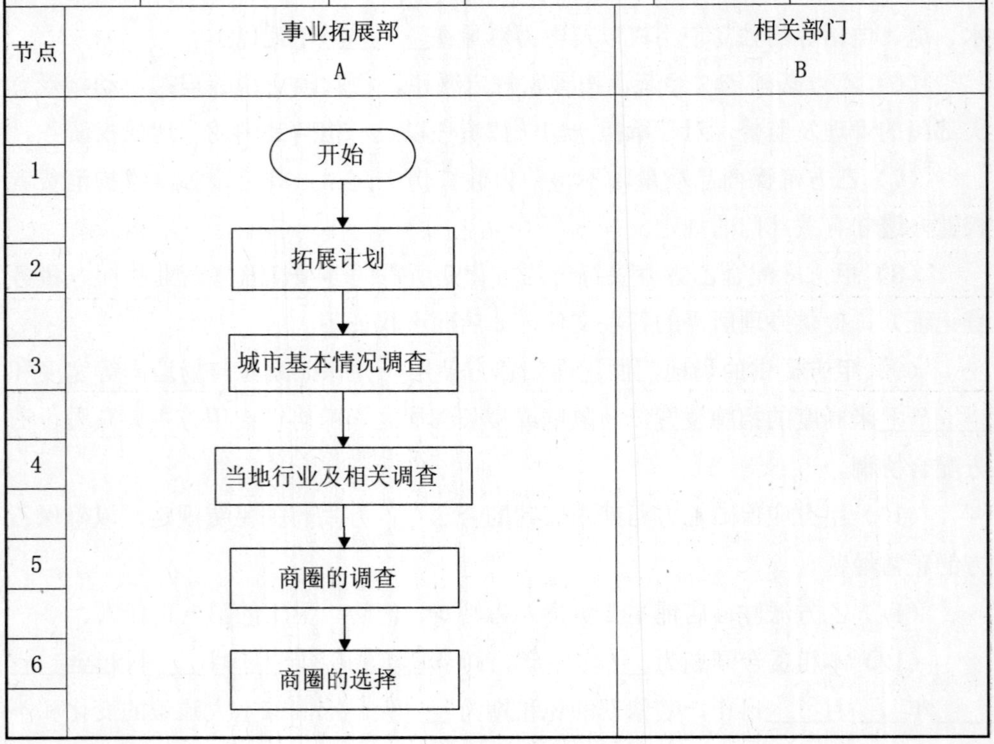

（续上表）

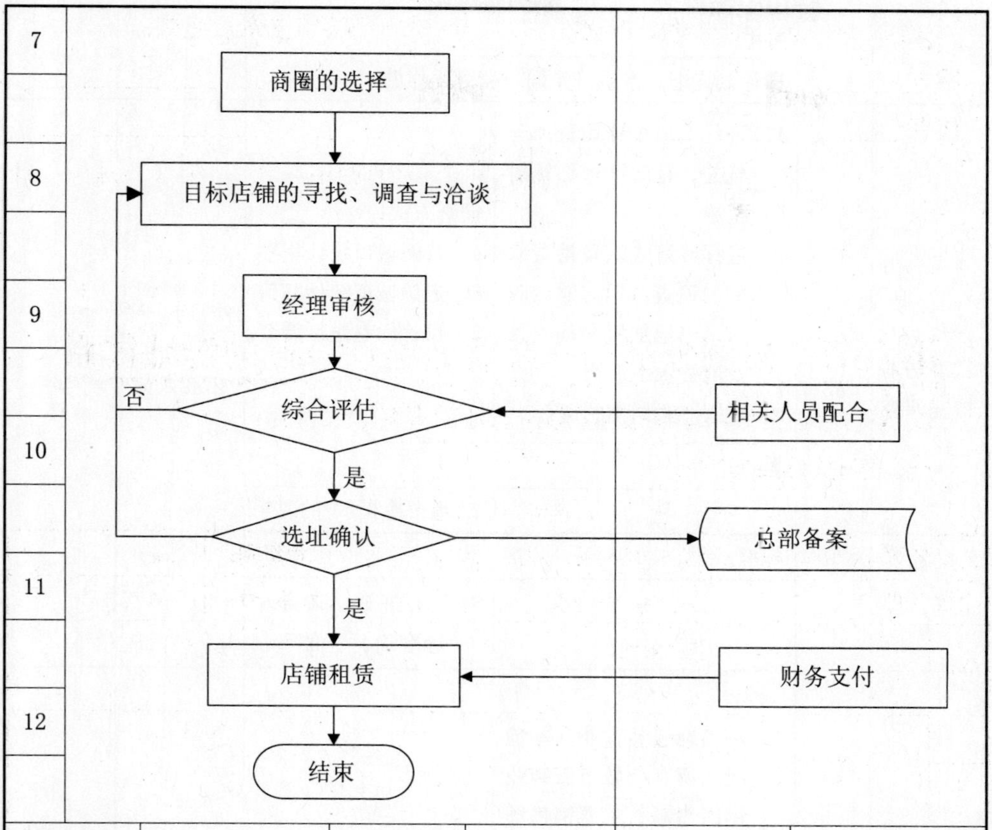

编制单位		密级		页　　数	共　页第　页
审　　核		签发		签发日期	

1．操作规范与标准

任务名称	节点	操作步骤	作业规范及注意要点	负责人	工具表单
拓展计划	A2	1．将公司拓展计划分解到地区、省、市 2．将公司拓展计划分解到季度、月、日 3．根据拓展时间、拓展区域，制定选址计划 4．根据选址计划，做好选址、评估的资源配置与统筹安排	1．拓展经理负责组织本部门完成对公司拓展计划的制定与分解，报总经理审批 2．拓展经理根据选址计划进度，做好相关资源的配置与统筹安排 3．选址计划进度的制定	拓展经理	
		重点			

（续上表）

		标准			
		■计划详细、准确、全面，有可操作性			
城市基本情况调查	A3	1．进行人口统计调查：分城关、行政区域、辐射区域 2．进行经济收入及消费水平的调查：地方财政收入、当地居民平均收入及消费水平调查 3．地方产业结构的调查	调查方式： 4．查阅城市统计年鉴 5．走访城市统计部门 6．设计问卷进行调查	拓展人员	
		重点			
			7．城市基本情况的调查		
		标准			
			8．方法正确，调查内容准确、全面		
当地行业及相关调查	A4	1．对当地服装行业基本情况的调查：城市服装业年销售额、主要销售场所、当地知名服装品牌情况及竞争情况 2．对当地男装行业基本情况的调查：男装店整体数量、男装店区域分布情况、平均营业规模、竞争环境、工资水平 3．对其他情况如各行政区域、各地段的店铺租金水平、当地各类宣传广告费用的标准水平等的调查。	调查方式： 9．查阅城市统计年鉴 10．咨询服装行业协会 11．查阅城市服装资料 12．调查人员实地访查 13．消费者问卷调查	拓展专员	
		重点			

（续上表）

			14. 当地服装行业情况的调查，信息、情报的搜集		
		标准			
		■方法正确，调查内容全面、真实、详细、准确			
商圈的调查	A5	1. 对城市成熟商圈与新生商圈的调查与评估 2. 对商圈基本情况的调查，包括：商圈内人口基本情况、交通、居民的生活与消费的习惯等 3. 对商圈内的各楼盘种类结构的调查 4. 对商圈内店铺平均租金水平的调查与了解 5. 对城市中长期规划的调查与了解 6. 对商圈地形与街道特点的调查 7. 对商圈客流的调查、分析（寻找聚客点）	15. 商圈基本情况，包括：固定人口数、人口密度、人口增长、日夜人口数、商圈内人口职业、年龄、教育程度、收入水平 16. 人口密度：以区域内居住人口数除以土地面积所得出的每平方公里居住人口数 17. 各楼盘的种类结构：不同的大楼有不同的客户，办公大楼代表着稳定的办公人口，其购买力较高；百货公司及休闲娱乐场所能吸引顾客，聚客力高，形成互动消费 18. 商圈客流情况，包括：客流结构（自身客流、分享客流、派生客流）、客流目的、速度、滞留时间、客流规模、来店光顾人数在经过人数中的比例、购买者在光顾者中的比例、每笔交易的平均购买量等 调查方式： 19. 走访城市相关部门 20. 调查人员实地访查 21. 调查人员实地暗访 22. 消费者问卷调查		

（续上表）

		重点			
		按要求调查、填写店铺选址相关表格			
		标准			
		■××时装连锁店址选择的参考规范与标准			
经理审核	A8	把调查情况、相关调查表格及选址方案一起上报拓展部经理审核	■拓展经理审核不通过时，拓展人员重新寻找店址 ■拓展经理审核通过后，就安排相关人员抽样核实、评估调查数据，必要时召开选址评估会议，让相关部门负责人参与综合评估		
		重点			
		选址方案的审核与评估			
		标准			
		■根据企业战略发展规划与企业实际，结合选址、评估的标准			
综合评估	A9	1. 拓展经理审核通过后，就安排相关人员抽样核实、评估调查数据 2. 负责综合评估的相关人员，认真填写《综合评估表》	■综合评估内容严格按照店址评估标准去调查与核实 ■评估项目应根据诸奇的发展战略而定，主要包括：店面结构、交通状况、竞争环境、顾客流量、店面成本和发展趋势与潜力等 ■必要时由拓展部经理牵头组织新店选址评估会议进行店址的综合评估，从相关部门选拔成员组建店址评估小组		
		重点			
		评估过程的执行、核实			
		标准			
		■根据企业战略发展规划与企业实际，结合选址、评估的标准，认真、负责、评估全面、有效			

（续上表）

选址确定	A10	◆店址评估后确定 ◆报上级审批 ◆资料备案	■由拓展部经理提供指导，由评估小组对评估结果进行整理分析，结合前期市场调研数据，形成店址评估报告，确定店址 ■将评估报告和选址结果报总经理审批 ■将收集的各类资料、报告、照片、图纸等送行政部资产管理处储存备案	拓展经理	
		重点			
		各调查资料及方案、评估结果的上报			
		标准			
		■资料要全面、详细、准确			
店铺租赁	A11	◆租赁条件评估 ◆租赁谈判 ◆签订租赁合同	■店址确定，由拓展部向总部相关部门提供市场/商圈信息、当地店铺平均租赁价格水平，由拓展部协助财务部制定可接受的该店铺租赁各类费用标准，由拓展部协助相关部门确定店铺租赁的方式、时间等各类条件 ■租赁谈判内容：使用期限、租金和付租方式、押金、免租装修期限及其他相关事宜等 ■租赁签约应注意事项：合法出租权、签约代表合法、注意合同条款细节、合同规范签订等	拓展经理	《店铺租赁合同》
		重点			
		租赁合同的签订			
		标准			
		■合理、合法、细致、无遗漏			

二、某著名IT企业选址体系

1. 选址模型简介

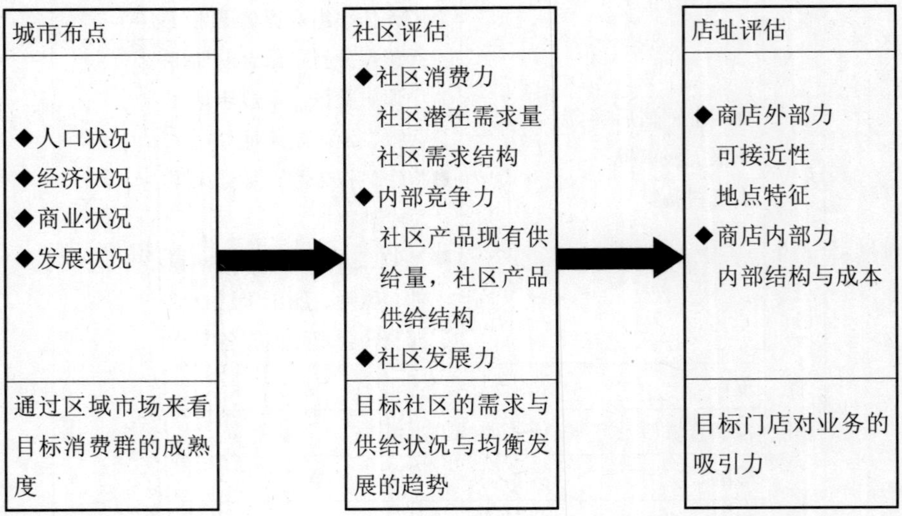

原理：

◆目标店址＝社区因素×相关权重＋店铺因素×相关权重

◆目标店需求量＝社区IT产品服务预计需求量×相关权重＋社区IT产品服务实际流动需求量×相关权重

◆社区IT产品服务预计需求量＝（潜在社区IT产品服务需求量－社区产品与服务的有效供给）×社区发展系数

◆社区IT产品服务实际流动需求量通过社区目标店的人潮数量来获得

2．选址总流程

归口部门：	某IT企业连锁业务流程体系	版 本 号：1.0
流程层级：	流程名称：某IT企业选址总流程	实施日期：
流程编号：L-		编 制 人：逸马顾问组
制订日期：2008-03-07		批 准 人：

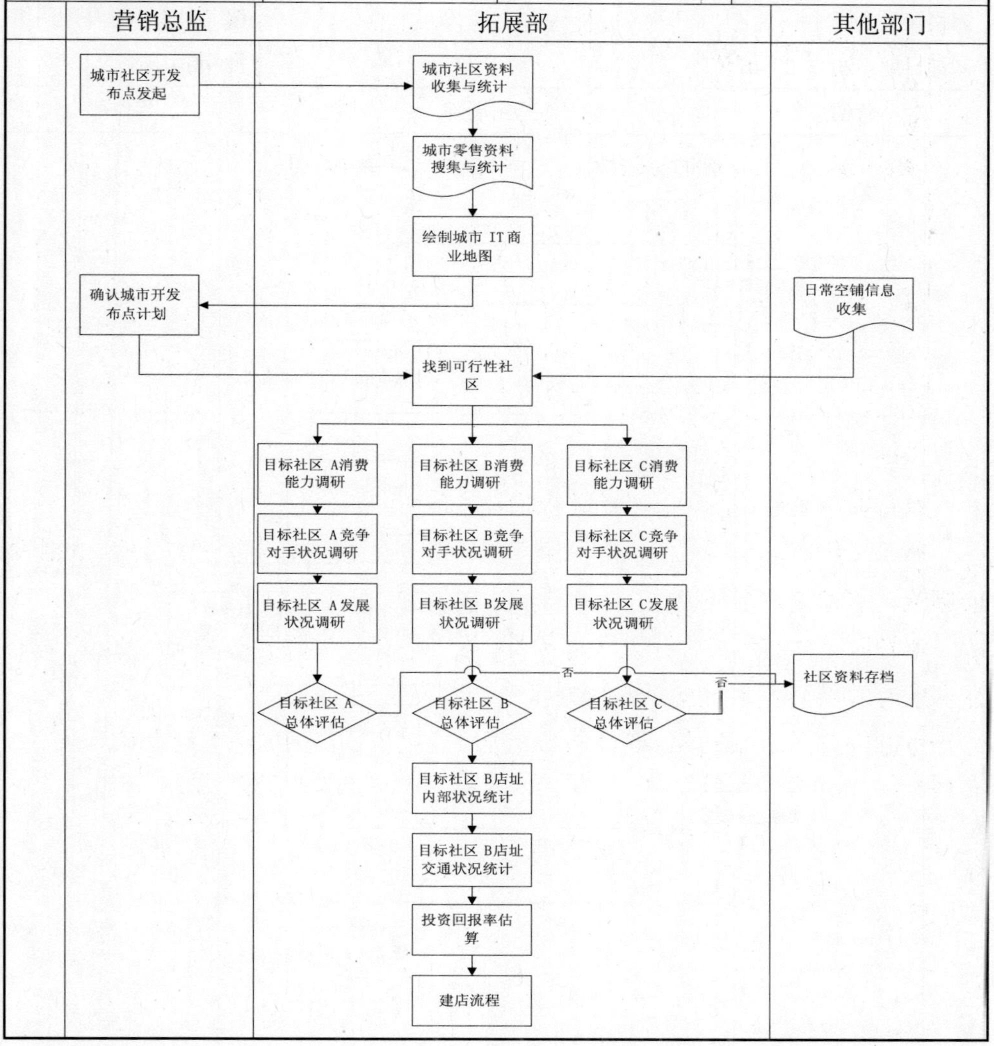

3. 城市布局

（1）城市布局流程

归口部门：	某IT企业连锁业务流程体系	版 本 号：1.0
流程层级：	流程名称：城市布局流程	实施日期：
流程编号：L-		编 制 人：逸马顾问组
制订日期：2008-03-07		批 准 人：

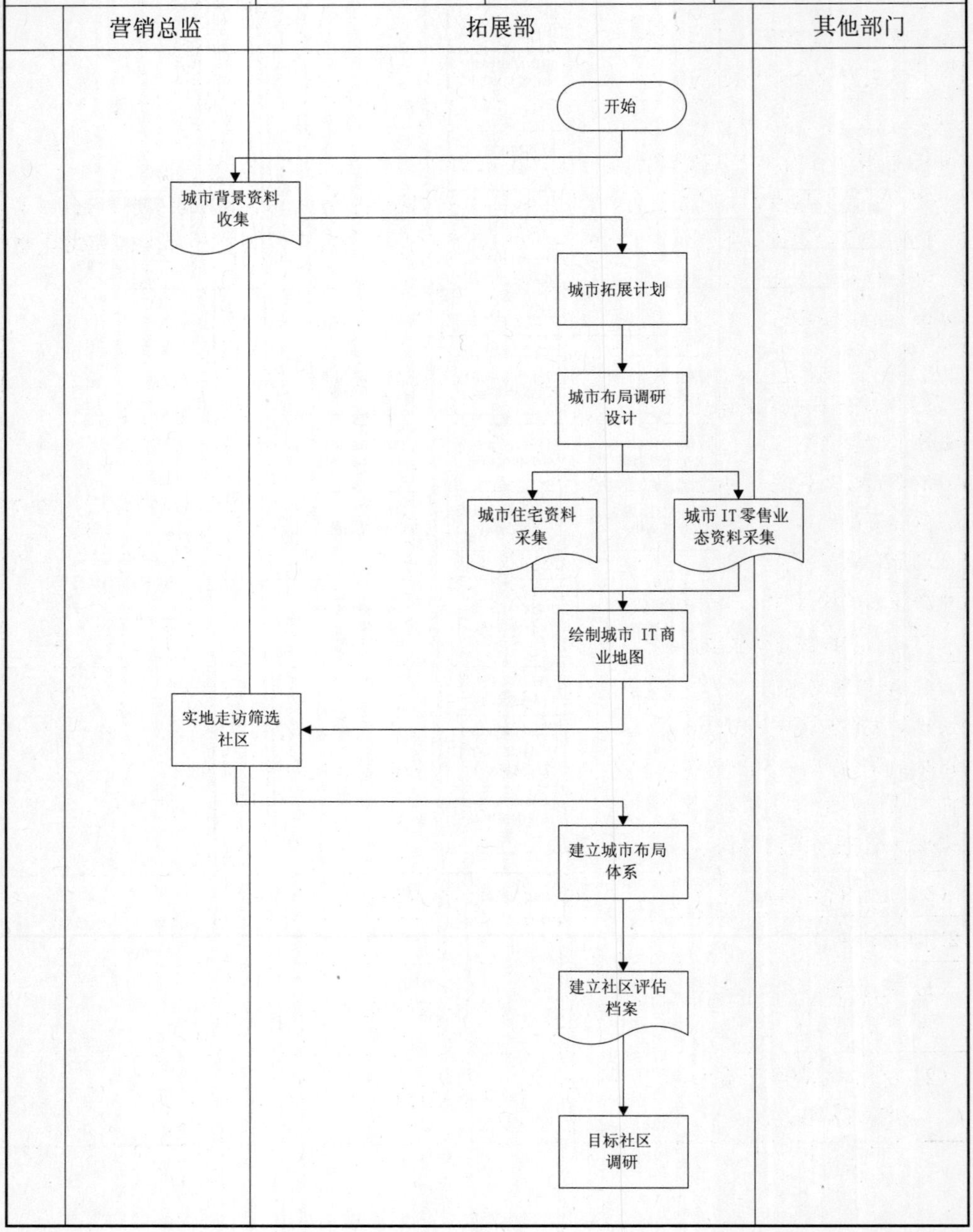

（2）城市布局操作内容与规范、操作方法工具与成果示例

操作内容与规范	操作方法、工具	成果示例
1．城市背景资料收集与填写		
（1）目标城市基本状况 ◆通过对目标城市基本状况的了解可以全面准确地把握整个城市的总体状况 ◆涉及的关键指标：城市土地面积、人口数、GDP水平等	资料收集：查阅城市统计年鉴、登陆统计信息网、购买出版的城市统计年鉴	背景资料/各区、县级市国民经济主要指标.xls
（2）城市人口结构状况 ◆根据消费者对IT产品需求的特点，必须对城市各个区域的人口比例、人口结构有所了解，从而细分目标消费者 ◆涉及的关键指标：人口数、就业人数等	资料收集：查阅城市统计年鉴、登陆统计信息网、购买出版的城市统计年鉴	背景资料/各区、县级市国民经济主要指标.xls
（3）城市居民收入和消费能力 ◆通过对城市居民收入和消费能力的调查分析，确定目标消费群体的实际购买能力，从而为未来市场推广做好准备 ◆涉及的关键指标：人均可支配收入、人均可消费性支出	资料收集：查阅城市统计年鉴、登陆统计信息网	背景资料/广州2007消费指标.xls
（4）城市发展规划 通过对城市未来发展规划的了解，可以判断城市未来经济地理的走向，从而回避门店布局的风险，对未来城市发展提前做好准备	资料收集：查阅城市发展规划网	规划
（5）城市资料的填写	填写“行政地区经济状况表”	
2．城市拓展计划		
（1）将公司拓展计划分解到地区、省、市	填写“城市布点计划表”	
（2）将公司拓展计划分解到季度、月、日	填写“城市布点计划表”	

（续上表）

（3）根据拓展时间、拓展区域，制定选址计划	制定“选址工作流水表”选址工作流水表.xls	
（4）根据选址计划，做好选址、评估的资源配置与统筹安排	制定“选址工作流水表”选址工作流水表.xls 人员可选择大学生兼职	
3. 城市布局调研设计		
（1）城市布点调研的主要指标选择	根据国外发展经验来看，当人均GDP达到3000美元之后，居民消费结构将会发生较为明显的变化，在IT产品与服务上的需求将会有较大的增长。所以某IT企业专卖店应考虑开设在人均GDP超过20000元人民币的地区 而了解目标群体的聚集地区，最简单可操作的办法即是了解目标群体所居住楼盘的价位和它在城市里的分布状况	
（2）确定该区域GDP水平	从目标城市基本资料里采集	
（3）了解该区域楼盘平均价格	从专业的房地产网站上获取	
（4）确定目标消费群所能承受的楼盘价格	取该地区超过均价的楼盘社区	
（5）确定目标城市中区（县）采集的楼盘标准，并提供户数、地址、开盘时间等重要信息	设计城市调研表 调研指标：楼盘价位、户数、开盘时间、地址	调研主题：广州市城市楼盘 调研范围：广州市（越秀区、荔湾区、海珠区、天河区、白云区、黄埔区、番禺区、花都区、南沙区、萝岗区） 调研指标：楼盘价位、户数、开盘时间、地址
4. 城市住宅资料采集和城市IT零售业资料采集		
（1）按上述步骤确定的目标城市中区（县）楼盘标准在网络上进行信息采集	背景资料/广州楼盘资料和IT卖场资料.xls	

（续上表）

（2）实地走访城市的电子商业街道、IKA卖场和其他竞争对手在城市的分布状况	背景资料/广州楼盘资料和IT卖场资料.xls	
5. 绘制城市IT商业地图		
	把上述步骤中得到的楼盘资料和IT服务供给资料填写到城市行政地图上	地图
6. 实地考察筛选社区		
（1）简单考察目标社区楼盘、人流交通状况，现场实地拍摄照片	初步考察社区的办法： （1）到达地图上标注的楼盘聚集的社区 （2）把获取的资料与楼盘一一对应 （3）判断楼盘信息的真实程度（如楼盘过于陈旧，则去当地房地产中介再次确定此处楼盘价格）	
（2）确定社区辐射范围，找出该社区最具人气的区域	确定社区范围的方法： （1）选择其中较大的楼盘作为目标社区 （2）观察社区居民日常购物消费的社区去处 （3）找到社区人气聚集的商业街（中心） （4）以此商业街为中心，辐射半径500米左右，为该社区的范围	
（3）按照上述标准，现场考察社区状况，删除信息失真的社区，确定可能进入的社区和社区范围		实地考察社区17处：珠江新城、华景新城、天河北、杨桃公园、五羊新城、东山口、光大花园、信和中心、南洲花园、海珠半岛、珠江广场、帝景苑、富力半岛、富力桃园、东风西、宝岗北、江燕路

（续上表）

7. 建立城市布局体系		
（1）找出城市零售业态集中地区，确定城市核心商圈、次级商圈与辅助商圈	从地图上获取信息	
（2）找出IT零售点密集区域	从地图上获取信息	
（3）找出城市高档目标社区集中的区域	从地图上获取信息	
（4）确定城市社区商店进入次序	评估社区商店进入次序的办法： （1）评估社区的楼盘价位：计算该地区的楼盘平均价位，把该社区按楼盘平均价格排列 （2）评估社区商圈的性质：把所在社区商业街道放入城市商圈、社区商圈和培育型商圈范围之内。（城市商圈：辐射范围超过1000米，为该行政区居民主要购物场所；社区商圈：辐射范围超过500米，为该社区主要购物场所；培育型商圈：为正在形成还尚未形成的商业地段） （3）评估商业区的IT零售程度：按竞争产品提供者的有无来划分 （4）组合三个维度，确定进入次序： a. 高档社区＋城市商圈 b. 高档社区＋社区商业街（中心） c. 中档社区＋城市商圈 d. 中档社区＋社区商业街（中心） e. 高档社区＋培育型商业街 f. 高档社区＋城市IT零售密集区	（1）高档社区＋城市商圈 （2）高档社区＋社区商业街（中心）：华景新城、珠江广场、五羊新城、东山口、光大花园、信和中心、海珠半岛 （3）中档社区＋城市商圈：东风西、宝岗北 （4）中档社区＋社区商业街（中心）：南洲花园、江燕路 （5）高档社区＋培育型商业街：珠江新城、杨桃公园、富力半岛、富力桃园 （6）高档社区＋城市IT零售密集区：天河北
8. 建立社区评估档案		

（续上表）

	社区评估档案内容格式： （1）绘制目标社区地区 （2）确定目标社区所有楼盘资讯（相片和数据） （3）建立当地房屋中介联系档案，日常保持联系，关注并收集空铺资源 （4）建立开放型社区评估档案	江燕路/江燕路初次调研报告.ppt 南洲/南洲花园初次调研报告.ppt

4．社区评估

（1）社区评估原理

①社区经济性（消费力评估）

通过衡量社区的经济性，从而可以推断出整个社区的潜在需求量。

社区店区别于商圈店的根本特征之一在于，社区的消费主要是靠社区居民支持，而较少靠流动人口支持。我们可以把社区内部消费作为理想的约束条件考察，而不考察社区的外部消费。

社区IT产品服务的潜在需求量＝社区总人口×人均支出×人均IT产品的支出比重

通过考察以下指标得到社区总人口、人均支出和人均IT产品的支出比重等数据。

评估维度	评估指标	获取数据方法	较为简易快捷的方法
◆社区潜在需求量 ◆社区需求结构	常住人口数 家庭及构成 人口密度 教育程度 从事行业 人口增长率 家庭人均收人 白天流动人口数 年龄构成 家庭年支出及支出结构	查阅城市统计年鉴 走访城市有关行政部门 通过消费者调研问卷获得 查阅相关资料 查阅客户资料 购买市场调研公司数据	确定某IT企业专卖店目标消费群体，通过对目标消费群体较为详尽的描述，判断目标消费群体较多的活动场所，如银行、超市、学校、便利店和较高的消费表征：如房价、私家车拥有率，来推断社区消费能力
成果：填写表3，得到社区消费力指数。			

②社区内部竞争性（竞争环境评估）

通过衡量社区的竞争性，从而可以推断出整个社区的有效供给。

社区的竞争性，表现为给某IT企业专卖店构成竞争的各种品牌与产品的销售量之和。

评估维度	评估指标	获取数据方法	较为简易快捷的方法
（1）同类产品现有供给量 （2）社区同类产品供给结构	竞品门店营业数量 竞品门店营业面积 竞品营业总额	竞争者调研	通过衡量几种重要业态的存在数量，来推断社区竞争状况
成果：填写表4，得到社区内部竞争力指数。			

如何做竞争者调研？

目的：了解既存竞争者的数量及大小、所有竞争者的强弱势评估、短期及长期的展望、饱和的程度。
主要内容： （1）卖场气氛，本社区内对本企业较有影响性的竞争店，其卖场气氛、购物环境、服务态度等 （2）来客数，该竞争店每日成交客户数 （3）平均消费额 A．了解该店的各类客数与消费金额比例 B．根据此比例再分别乘以其价格 C．加总后求其平均值即为平均消费额 （4）营业额： 来客数×平均消费额＝每日营业额 每日营业额×每月工作天数＝每月营业额
小贴士：拍摄照片。可以让新员工做竞争对手调研工作，根据调研结果，来评估该员工的工作能力。

③社区发展性

通过衡量社区的发展性，可以更好地判断未来社区的需求与供给情况。

社区的发展性：表现在未来社区零售需求和零售供给的均衡扩展。

对于社区发展性的了解，可以通过对政府统计年鉴的查阅，收集到社区人口、经济发展的历史资料，同时查阅城市规划和判断未来城市地理经济的走向。

同时我们亦可以采取较为简易快捷方法的方法：

通过了解未来城市规划、房地产价格趋势来了解该地区未来升值潜力；通过了解未来住宅面积的增长，推断未来社区人口和需求的增长，通过了解未来商业状况，推断未来该地区零售供给情况。

一般的原则是：寻找将要飙升的土地和在大型超市或者购物中心附件寻找黄金商铺。

④社区综合评估

通过衡量社区的经济性来判断潜在社区IT产品服务需求量，通过衡量社区的竞争性来判断社区产品与服务的有效供给，通过衡量社区发展性来判断未来的均衡状况。

社区IT产品服务需求量＝（潜在社区IT产品服务需求量－社区产品与服务的有效供给）×社区发展系数

综合指数＝社区经济指数－社区竞争指数＋社区发展指数

填写表6，得到社区的综合指数。

社区进入系数＝社区综合指数得分÷社区总得分

社区进入系数超过50，则表明该社区可以进入，分值越高，则进入强烈程度就越大。

（例如：社区所在地区的GDP水平为50000—60000元，则此社区最高得分为：70分＝社区消费水平55分＋社区发展水平15分

若此社区消费水平最后得分为35.75分，竞争水平为0.9分，发展水平为8.4分

总分＝35.75－0.9＋8.4＝43.25

社区进入系数＝43.25÷70＝61.75）

（2）社区调研流程

归口部门：	某IT企业连锁业务流程体系		版 本 号：1.0
流程层级：	流程名称：社区评估流程		实施日期：
流程编号：L-			编 制 人：逸马顾问组
制订日期：2008-03-07			批 准 人：

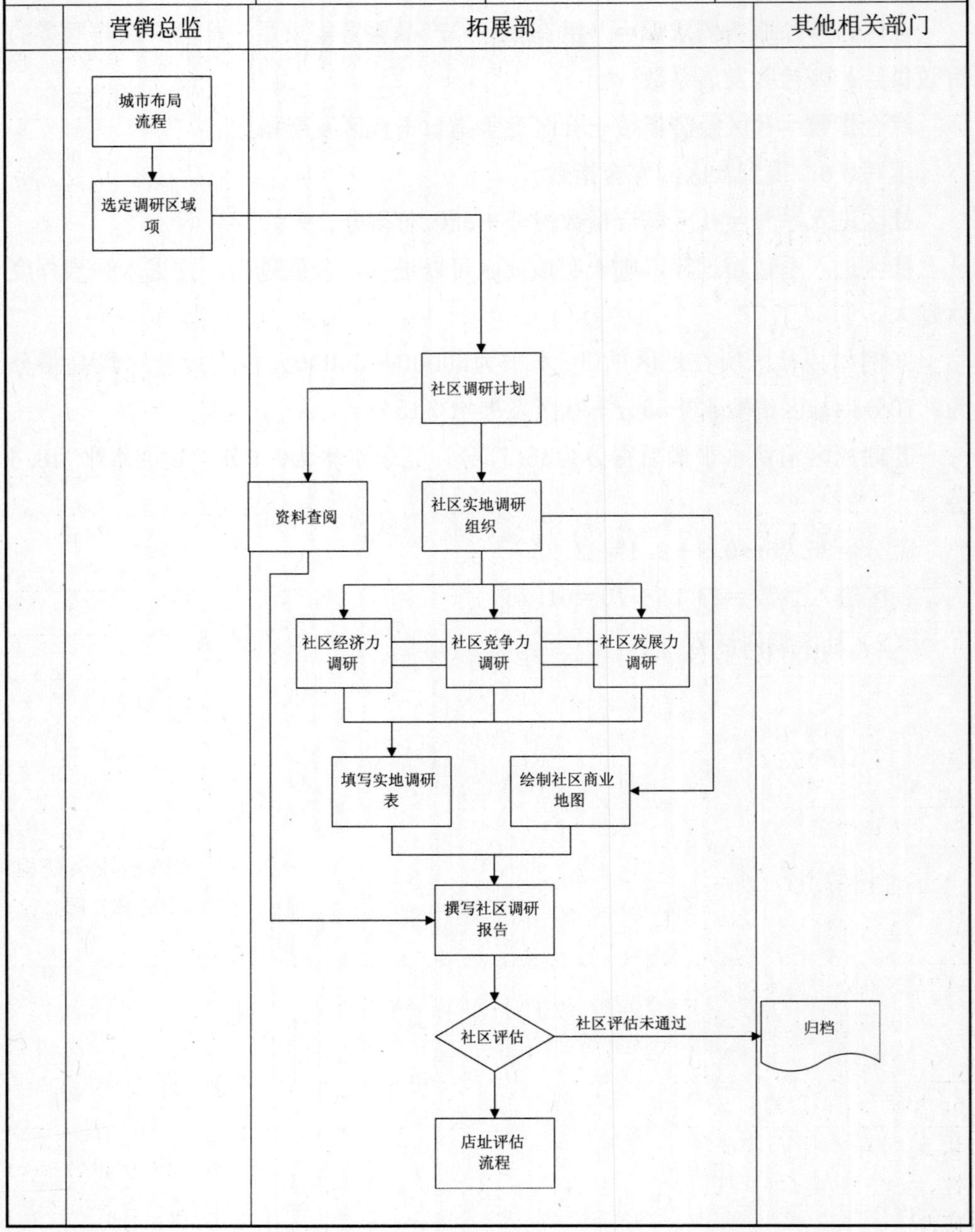

（3）社区调研操作内容与规范、操作方法工具与成果示例

操作内容与规范	操作方法、工具	成果示例
1．选定调研区域		
（1）在城市布局流程中，选择目前可能介入的区域	从城市布局中选择前四类进入社区	华景新城、珠江广场、五羊新城、东山口、光大花园、信和中心、海珠半岛、东风西、宝岗北、南洲花园、江燕路
（2）从日常整理的社区档案里，抽取现有空铺资源的社区	◆公司日常保持和房屋中介的联系，随时留意空铺资源 ◆把中介联系方式与空铺资源放在社区档案里	南洲花园、江燕路、黄埔、番禺等
（3）两者综合，选定调研的区域		南洲花园、江燕路
（4）选择店铺所在的社区商业街为主要调查地点		南洲花园——南洲商业中心、盈翠路 江燕路——江南大道南
2．社区调研计划		
（1）社区调研工作流水表	社区调研流水表、选址工作流水表.xls	
（2）人员到位	可选择大学生兼职	
3．社区实地调研组织（社区经济性、竞争性、发展性调研）		
	（1）实地测量调研表所列示项目 （2）通过访谈获取调研表所列示项目	
4．资料查阅		
（1）查阅档案里有关楼盘的资料	查阅《社区初步调研报告》	江燕路/江燕路初次调研报告.ppt　南洲/南洲花园初次调研报告.ppt
（2）查阅该区域未来发展规划和大型工程项目	查阅《社区初步调研报告》和城市发展规划报告	
5．填写实地调研表		
认真填写“社区经济性、竞争性、发展性调研表”		江燕路/江燕路社区报表.doc 南洲/南洲花园社区报表.doc
6．绘制社区商业地图		

	绘制社区商业地图的方法 （1）画出社区简图，分别标注社区土地性质（住宅区、商业区、工业区） （2）标出住宅区楼盘名称（在社区楼盘统计中可以找到相关资料） （3）标注社区商业街或商业区，标出商业街内主要店铺名称 （4）绘制社区主要人流方向	江燕路/江燕路社区地图.doc 南洲/南洲花园社区地图.doc
7. 撰写社区调研报告		
	完整调研报告包括内容： （1）社区楼盘分布情况 （2）楼盘详细资料 （3）社区商业情况 （4）房产中介公司与空铺资料 （5）社区评分 （6）社区总体评估社区评估 定量评估——得到社区进入系数 方法：社区总得分÷社区能达到的最高分＝社区进入系数 社区进入系数＞50，则可以进入 社区进入系数越高，则进入条件就越充分 定性评估——社区内的优势劣势评估	江燕路/江燕路社区调研报告.ppt 南洲/南洲花园社区调研报告.ppt
8. 社区评估		
确定合适目标社区	根据公司现有的资金情况、人员情况、产品情况决定可以进入的社区	
9. 归档		
	暂时不合适的社区存档	

5. 店址评估

（1）店址评估原理

在同一个社区中，按照可接近性和人流量也可以分为不同层次的“点”，店址评估就是要在这些“点”中选择最优质的。

①店址外部评估

评估维度	评估指标	获取数据方法
◆可接近性	经过店址的交通工具的数量和类型 经过店址的行人数量和类型 街道的质量 街道的拥挤程度	实地测量
◆地点特征	所属主要商业业态 周围商店的相容性 顾客进入的难易程度 从街道上能否看到商店	实地测量
成果：填写表7，评估目标店址外部情况。		

如何测量目标店的人潮数量？

目的：通过社区内人潮走向的变动来评估社区IT产品服务实际流动需求量。
主要内容： 1．寻找调研地点，比如：a．目标店址　b．社区商业中心到社区核心住宅小区的道路上 2．平日及假日社区人潮状况 3．将一周之时间区分为两段　a．周一至周五　b．周六、周日、法定假日 4．以9点到21点每两小时细分为一个小段 5．以15分钟为其抽样时段之样本，并计算其抽样点之实际经过人数、汽车数 6．将每抽样之数，转变成两个小时之人潮流动数 例：以15分钟为抽样得该抽样点人数为Y，将Y×8＝Z，则为其可能之人口流动数 7．将其数字依时段填入表8 8．将人潮流动抽样之数字以线图表示
小贴士：可以找当地大学生来做社会调研工作。

②店址内部评估

通过衡量目标店址的内部条件，简单核算投资成本。

目标店址的内部条件主要包括：租金核算以及门面的结构。

一般原则：月租金不超过店面营业额的2%，门店结构以正方形为佳，位于道路转角处，有较大的门头面积。

③决策评估的简单办法

如果几家门店总得分接近，我们可以用以下的方法来从中选择一家（注：此方法适合有大量开店数据之后操作）：

◆ 方法1：类比法

Step1：选择一家开业且业绩最好的门店。

Step2：查阅此家店在开业时候的得分。

Step3：找出此家店获得最高得分的几项。

Step4：在备选门店中找出这几项的得分最高的店铺。

◆ 方法2：多元回归法

Step1：找到所有已经开店的选址评估得分。

Step2：选址评估得分与月平均销售额一一建立关系。

Step3：得到回归方程。

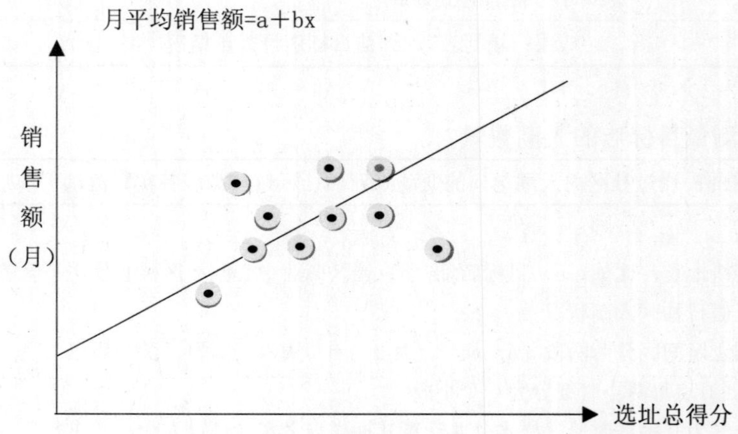

Step4：把目标店址的总得分代入方程式，可以推算未来新门店的月销售额。

Step5：根据各个门店运营费用，选择投资回报率最高的门店。

④计算投资回报率

	主要预测项目	得到方法	数量
收入	平均人流量（人/10分钟）	人流统计	
	日营业时间（10—12小时）		
	月人流量（单位：人）		
	预计成交率	社区商业环境好，则成交率高	
	月销售台数		
	预计单台售价（1300—1500元）	社区经济性得分高，则预测单价高	
	月销售流水		
	销售毛利率		
	销售毛利		

（续上表）

费用	房租（分摊到月）		
	毛利房租比		
	成为三倍房租店，房租≤		
	成为五倍房租店，房租≤		
	押金及返还方式		
	转让费（分摊到月）		
	预计装修费用总额		
	月摊销装修费（单位：元/月）		
	水电费（单位：元/月）		
	人员工资及奖金（单位：元/月）		
	直接炒作广告费（单位：元/月）		
	后勤间接费用摊销额（单位：元/月）		
	预计税金及附加支出（单位：元/月）		
	其他费用说明（摊销到月，单位：元/月）		
	费用总计（单位：元/月）		
赢利	赢利预测		

（2）店址评估流程

归口部门：	某IT企业连锁业务流程体系		版 本 号：1.0
流程层级：	流程名称：店址评估流程		实施日期：
流程编号：L-			编 制 人：逸马顾问组
制订日期：2008-03-07			批 准 人：

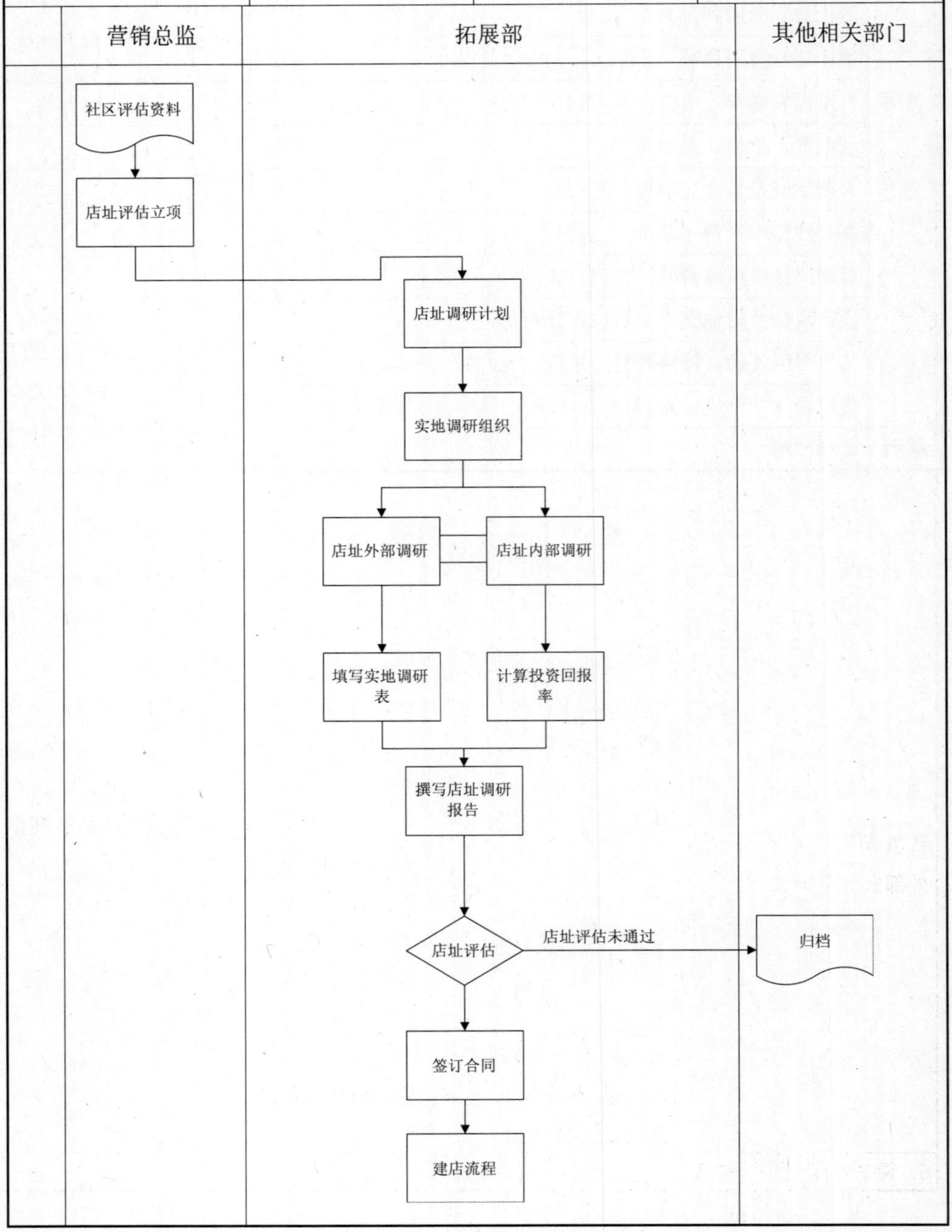

（3）店址评估操作内容与规范、操作方法工具与成果示例

操作内容与规范	操作方法、工具	成果示例
1. 店址评估立项		
（1）收集齐全门店社区所在资料	参见《社区调研报告》	江燕路/江燕路社区调研报告.ppt 南洲/南洲花园社区调研报告.ppt
（2）如果有选择的话，最好比较调研该社区不同的店址，从中挑选最好的	参见《社区调研报告》	江燕路/江燕路社区调研报告.ppt 南洲/南洲花园社区调研报告.ppt
2. 店址调研计划		
（1）社区调研工作流水表	选址工作流水表.xls	
（2）人员到位	可选择大学生做兼职	
3. 实地调研组织(店址外部调研、店址内部调研)		
（1）实地测量调研表所列示项目，主要为人流、车流量的统计	人流、车流调研办法： 参看“如何测量目标店的人潮数量”	汇燕路 / 江燕路人流统计.doc 南洲 / 南洲花园人流统计.doc
（2）通过访谈获取调研表所列示项目	填写“店铺内部条件调查表”，主要通过访谈得到	
4. 填写实地调研表		
认真填写“店铺内部、外部条件调查表”	某IT企业目标门店外部条件标准： ◆可接近性 若门面距离街道有10级以上台阶，则该门店不予考虑，亦不必填写“门店外部条件调查表”） ◆地点特征 所属主要商业业态 周围商店的相容性（禁止相邻的店铺为餐饮大排档、五金、修车、汽配、建材、门窗、装修等行业，若有此情况，则立刻终止该店，不必填写“门店外部条件调查表”） 月租金不超过店面营业额的2%，门店结构以正方形为佳，位于道路转角处，有交大的门头面积	江燕路 / 江燕路店铺报表.doc 南洲 / 南州花园店铺报表.doc
5. 测算店铺投资回报率		

（续上表）

	填写门店“投资回报率表”	江燕路/江燕路目标店投资分析表.doc 南洲/南洲花园目标店投资分析表.ppt
6．撰写完整的门店调研报告		
	完整的门店调研报告包括内容： （1）社区楼盘分布情况 （2）楼盘详细资料 （3）社区商业情况 （4）房产中介公司与空铺资料 （5）社区评分 （6）社区总体评估 （7）目标店铺评分 （8）目标店铺投资收益核算	江燕路/江燕路目标门店调研报告.ppt 南洲/南洲花园目标门店调研报告.ppt
7．归档		
	暂时不合适的店面存档	
8．签订合同		
	《门店房屋租赁合同》样本	

6．执行流程规范

◆ 项目目的：按照项目选址的思路与规范，更加清晰准确地执行《选址手册》。

◆ 范围：某IT企业连锁拓展部。

◆ 作业内容：

参看“选址项目流水表”。

◆ 项目要求：

（1）所有表单、数据必须来自实地调研，查阅资料获得的必须表明出处，保证其准确客观性。禁止弄虚作假，捏造数据。

（2）调研工作完成之后，必须将成果交予拓展部，拓展部必须对该项目做出评估。

（3）所有项目完成之后，必须上交资料到某IT企业公司总部存档。

7．附表

表1 行政地区经济状况

表2 城市布点计划表

表3 社区经济力(消费能力)评估表

表4 社区竞争力（竞争环境）评估表

表5 社区发展性(未来成长)评估表

表6 社区综合评估表

表7 目标店周围环境评估表

表8 目标店内部评估表

表1 行政地区经济状况

序号	行政区（县）	人口状况				经济状况					IT商业状况				
		总面积	人口总数	人口密度	人口结构（15—45岁）占总人口比重	GDP	产业比重	人均收入	人均消费额	商品房均价	电脑城数	电脑城面积	RKA数	电子商业街数	电子商业街长度
主管核实与意见														填表人	
														填表时间	

表2　城市布点计划表

月份/数量	1月	2月	3月	4月	5月	6月	7月	8月	9月	10 月	11月	12月
开店总数												
越秀区												
荔湾区												
海珠区												
天河区												
白云区												
黄埔区												
番禺区												
花都区												
南沙区												
萝岗区												
增城市												
从化市												

表3　社区经济力（消费能力）评估表

序号	维度	100	80	60	40	20	权重	总分
1	社区住户	>9000户	8000—9000户	7000—8000户	6000—7000户	<6000户	15%	
2	社区平均年龄	35—45岁	25—35岁	15—25岁	45—55岁	55岁以上	5%	
3	社区流动人口比重	<5%	5%—10%	10%—20%	20%—30%	>30%	10%	
4	社区平均房价（平方米）	>10000元	10000—8000元	8000—6000元	6000—4000元	<4000元	15%	
5	社区银行数	>5家	4家	3家	2家	<2家	10%	
6	社区超市	大型，且超过1家	大型1家	中型，且超过1家	中型	小型	15%	
7	社区学校数	>5家	4家	3家	2家	<2家	5%	
8	社区私家车拥有率	>30%	20%—30%	10%—20%	5%—10%	<5%	10%	

（续上表）

9	社区7-11数量	＞5家	4家	3家	2家	＜2家	5%	
10	社区环境	非常整洁，安静	非常整洁	整洁	一般	较为混乱	10%	
主管核实与意见							综合得分	
							填表人	
							填表时间	

表4　社区竞争力（竞争环境）评估表

序号	维度	100	80	60	40	20	0	权重点	总分
1	社区有电子产品一条街	＞500米	500—200米	100—200米	100—50米	＜50米	无	25%	
2	社区有电脑城	2座	1座	——	——	——	无	45%	
3	社区有RKA销售电脑产品	3处	2处	1处	——	——	无	10%	
4	社区有其他品牌电脑专卖店	2家	1家	——	——	——	无	15%	
5	社区有其他电脑维修点	4个	3个	2个	1个	——	无	5%	
主管核实与意见							综合得分		
							填表人		
							填表时间		

表5　社区发展性（未来成长）评估表

序号	维度	100	80	60	40	20	权重点	总分
1	社区 楼盘年限	2—5年	5—8年	8—12年	＜2年	＞12年	10%	
2	社区周边规划	周围有政府规划在建商业项目	周围有政府规划在建住宅项目	未来1—2年属于政府规划开发范围，商业用地	未来1—2年属于政府规划开发范围，大型住宅用地	未来3年属于政府规划开发范围，商业用地	30%	
3	周边将有大型超市百货公司shopping-mall	刚建成	在建，半年内建成	在建，已经动工	已经列入规划	未来有较大可能建立	30%	
4	土地 升值潜力	＞50%	40%—30%	30%—20%	20%—10%	10%—5%	20%	
5	交通 非常便利							
	地铁轻轨高速公交俱全	在建轨道交通	规划轨道交通	公交密集	有公交	10%		
主管核实与意见							综合得分	
							填表人	
							填表时间	

表6　社区综合评估表

城市区（县）人均GDP（单位：元）	1经济性			2竞争性			3发展性			合计
	初次得分	权重	①得分	初次得分	权重	②得分	初次得分	权重	③得分	注：1-2+3
＞70000		65%			25%			10%		
60000—70000		60%			28%			12%		
50000—60000		55%			30%			15%		
40000—50000		50%			32%			18%		
30000—40000		45%			35%			20%		
20000—30000		40%			37%			23%		
＞20000	暂不考虑社区店									

表7　目标店周围环境评估表

序号	维度	100	80	60	40	20	权重点	总分
1	人流量	120人以上/30分钟	120—100人/30分钟	100—80人/30分钟	80—60人/30分钟	60人以下/30分钟	15%	
2	车流量	20辆以上/30分钟	25—20辆/30分钟	20—15辆/30分钟	15—10辆/30分钟	10辆以下/30分钟	10%	
3	门店可视范围	在道路500米外	在道路400—500米处	在道路300—400米处	在道路200—300米出	在道路200米内	10%	
4	道路宽度	13—20米	7—13米	＞20米	＜7米		5%	
5	距离公交站、地铁站	＜25米	25—50米	50—100米	100—200米	＞200米	10%	
6	200米内的公交车线路	＞20条	15—20条	10—15条	5—10条	＜5条	10%	
7	左右商铺	高档国际品牌店	高档国内品牌店	中档国内品牌店	一般专卖店	空铺	20%	
8	所属社区商圈	大型超市外围	购物中心裙楼	社区商业中心	社区商业街	独立店	20%	
主管核实与意见							综合得分	
							填表人	
							填表时间	

表8　目标店内部评估表

序号	维度	100	80	60	40	20	权重点	总分
1	卖场形状	正方形	横形	长条形	其他	很不规则	10%	
2	门头长度	＞8米	6—8米	4—6米	3—4米	＜3米	15%	
3	可用门面长度	＞8米	6—8米	4—6米	3—4米	＜3米	10%	
4	面积	70—80平方米	70—60平方米	60—50平方米	＞80平方米	＜50平方米	10%	
5	隔壁租金比例	＜100%	100%—110%	110%—120%	120%—130%	＞130%	15%	
6	租赁年期	＞5年	5—4年	4—3年	3—2年	＜2年	10%	
7	付款方式	月付	两月付	季付	半年付	年付	5%	
8	租金递增	3年无递增	3年累增0—3%	3年累增3%—6%	3年累增6%—10%	3年累增＞10%	10%	
9	押金情况	1个月	2个月	3个月	3—6个月	半年以上	5%	
10	基建情况	不用土建	改墙	改天	改地	改天地墙	10%	

（续上表）

主管核实与意见	综合得分	
	填表人	
	填表时间	

附表1　人潮流动抽样表

流量 时间段	星期一		星期二		星期三		星期四		星期五		星期六		星期日		合计		节假日	
	人流	车流	人流	车流	人流	车流	人流	车流	人流	车流	人流	车流	人流	车流	人流	车流	人流	车流
9：00—11：00																		
11：00—13：00																		
13：00—15：00																		
15：00—17：00																		
17：00—19：00																		
19：00—21：00																		
合计																		

主管核实与意见	填表人	
	填表时间	

三、某美发连锁机构的选址体系

1. 选址总流程

公司名称		流程分级	
流程名称	选址总流程	概　　要	连锁业务流程体系

	拓展部	营运副总
	A	B

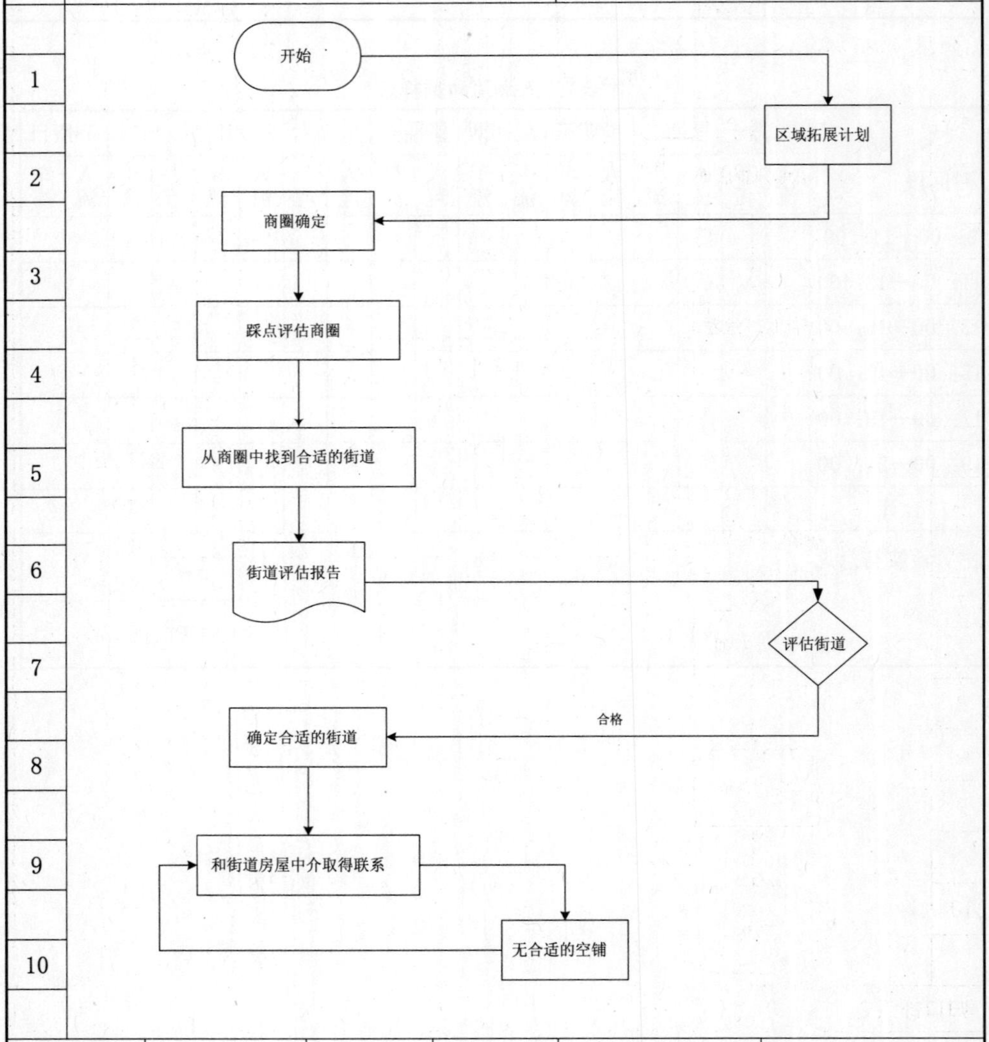

归口部门		密　级		页　　数	
版 本 号		签发人		签发日期	

公司名称		流程分级	
流程名称	选址总流程	概　　要	连锁业务流程体系
拓展部		营运副总	
A		B	

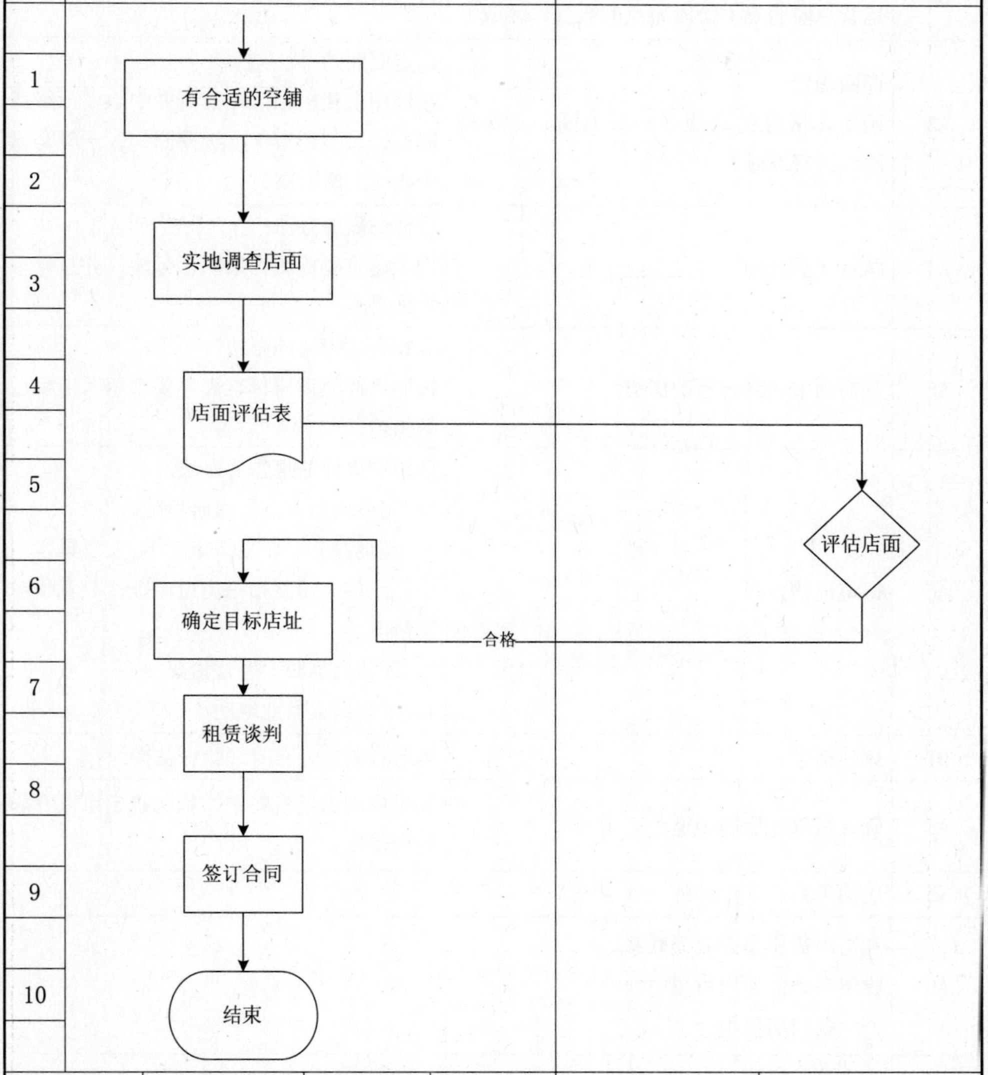

归口部门		密　级		页　　数	
版 本 号		签发人		签发日期	

2. 操作内容规范、方法与工具

节点	操作内容规范	操作方法与工具
步骤一	确定商圈、选择街道	
B2	区域拓展计划 运营总监明确本阶段布点的数量、区域	公司高层会议结论
A3	商圈确定 确定本区域的商圈（一级商圈、二级商圈、三级商圈）	确定商圈的办法： 在地图上找出该区域的商业中心（一级商圈）、大型超市（二级商圈）、一般购物中心（三级商圈）
A4	踩点评估商圈	评估商圈的办法： 把上述重要商圈在地图上标注，并且驾车实地考察
A5	从商圈中找到合适的街道	寻找合适街道的办法： 按照“商圈调研标准表”要求填写考察过的街道。
A6	街道评估报告	撰写街道评估报告的办法： 1. 完整填写“商圈调研标准表” 2. 现场拍摄：a. 人车流；b. 大型集客中心；c. 各个角度拍摄街道情况；d. 竞争对手情况 3. 评估竞争对手经营情况 4. 绘制街道商业地图
B7	评估街道	运营总监结合自身经验评估街道
A8	确定可以开店的街道	从提供的街道资料中，筛选确定可以开店的街道
步骤二	店面考察、里里外外	
A9	和街道房屋中介取得联系 收集当地的商用房屋中介 一一访问房屋中介	
A10	无合适的空铺	
A11	有合适的空铺	
A12	实地调查店面	实地调查的办法： 1. 店面外部情况拍摄 2. 店面内部情况拍摄并索取平面图 3. 了解店面租金其其他商务情况 4. 把店址标注在街道商业地图上

（续上表）

A13	店面评估表	按照“店面评估表”认真填写店面情况
B14	评估店面	运营总监结合自身经验评估店面
A15	确定目标店址	从提供的店面资料中，筛选确定目标店
步骤三	租赁谈判、签订合同	
A16	租赁谈判	详细记录租赁谈判，填写“门店租赁条件表” 获得详细的租赁条件，填写“门店现场情况表”
A17	签订合同	

3．相关表单与工具

表1　某美发连锁商业街道评估表

所属商圈：______________　　街道名称：______________

填 表 人：______________　　时　　间：______________

评估维度	指标	参数或标准	街道情况
街道条件	街道长度	＞500米	
	街道宽度	＜12米	
	店铺数量	＞200家	
	人流出入口	＞8个	
	交通情况（公交线）	＞5条	
	街道成熟度	＞3年	
	覆盖人群	＞6000户	
人流车流情况	人流量（人/30分钟）		
	早上	＞100	
	中午	＞100	
	晚上	＞200	
	车流量(辆/30分钟)		
	早上	＞20	
	中午	＞20	
	晚上	＞30	
竞争情况	典型竞争门店	＞2家	

（续上表）

加分项目	商业业态丰富性（注①）	有商超	
	社区服务的全面性	有学校或其他文化设施	
	商业业态快捷性（注②）	有便利店	
	交通优质程度	有地铁或是轻轨站	
回避情况	有大型在建工程		
	未来属于政府拆迁区域		
评估级别	优秀：达到15项 良好：达到12项 合格：达到9项		
总评			
总监意见			

注①：商超主要为二线品牌，如华联、乐购、易初莲花、百佳等

注②：便利店主要国内品牌，如好的、快客等

表2　某美发连锁目标店面评估表

所在街道：__________　　店面门牌号：__________

评估维度	指标	参数或标准	目标门店
门店外部	人流量(人/分钟)		
	早上	＞10	
	中午	＞10	
	晚上	＞20	
	车流量(辆/30分钟)		
	早上	＞20	
	中午	＞20	
	晚上	＞30	
	门前空地	＞20平方米	
	左右隔壁	不得为空铺	
	店前台阶	＜5级	
门店内部	使用面积	60—80平方米	
	招牌长度	＞4米	
	招牌条件	无遮拦，可视性好	
	开间	＞4米	
	建筑结构	全部为水泥或砖混承重墙	
	配套水电	电力负荷＞10千瓦	

（续上表）

合同条件	租金	＜6元/（平方米·月）	
	转让费用	＜10万元	
	签约	＞5年	
	租金增长状况	＜10%	
	物权	≤2手	
加分项目	店面在街道南面		
	租金比隔壁低		
	无转让费		
	前任店面经营状况优		
评估级别	优秀：达到18项 良好：达到15项 合格：达到12项		
总评			
总监意见			

调查时间：________________　　　　调查人：________________

表3　某美发连锁门店租赁条件表

基本资料	地　　址				表单编号	
	所属区域		商圈类型		面　　积	□单层 □双层
	所有权人				洽谈对象	
	洽谈者身份		联系电话		签 约 人	
	使用情况	□空屋 □正使用，租约于　　年　月　日到期			可入驻时间	年　月　日
洽谈记录	1 时间					
	1 方式					
	1 地点					
	2 时间					
	2 方式					
	2 地点					
	3 时间					
	3 方式					
	3 地点					
最终条件	租　　金					
	其他条件					

表4　某美发连锁门店现场情况表

现场情况	基本资料	地　址						表单编号	
		行政区域		商圈类型				变更使用	□是　□否
	建筑条件	共　层楼；人行道宽：　米 马路宽：　米		骑楼	□是　□否			屋龄	年
		外观	□新　□旧	楼壁面	□瓷砖　□水泥粉光　□金属　□石材　□其他				
	基础设施	水	□自来水　□非自来水	卫浴	□原有　□可增加　□不可增加			水　费	元/立方米
		电表	□独立　□分表	电表功率	□单相　□三相	最高负载	千瓦	电费	元/千瓦时
		电话	□有　□否	宽带	□有　□否	服务公司	□电信　□网通　□铁通　□其他		
	一般条件	空调							
		天花							
		地面							
		壁面							
	消防安全	防火							
		避难							
		逃生							
	招牌广告	横招尺寸							
		直招尺寸							
		骑楼尺寸							
		相关法规							

（续上表）

<table>
<tr><td rowspan="7">现场情况</td><td rowspan="4">店面情况</td><td>店面</td><td colspan="4">□窄形　□宽形　□方形　□圆弧形
店面个数：____个，门店总宽度：____厘米</td></tr>
<tr><td>阁楼</td><td colspan="4">□无　□有　若有：□可拆　□不可拆</td></tr>
<tr><td>楼梯</td><td colspan="4">□无　□有　若有：□可拆　□不可拆</td></tr>
<tr><td>室内</td><td colspan="4">层高____厘米　/最低梁下高____厘米　/梁高____厘米</td></tr>
<tr><td>资料收集</td><td colspan="5">提供：□相片____张　□录影带____卷　□平面、管线图____张</td></tr>
<tr><td>特殊情况</td><td colspan="5"></td></tr>
<tr><td>现场平面图1：100</td><td colspan="5">不够可另附纸张</td></tr>
<tr><td colspan="2">经理核示</td><td colspan="2"></td><td>填表时间</td><td></td><td>填表人</td></tr>
</table>

第七章
各商业业态的选址要求及注意事项

第一节　各商业业态选址要求

一、经济型酒店

（1）区位要求：邻近主要公路（或高速公路）的交叉道口，交通便利，有通往商业区及机场、火（汽）车站的公交线路；市郊接合部。

（2）建筑要求：独栋，周边有停车场。

（3）面积、租期：建筑面积3000—6000平方米，基本年限10年以上。

（4）合作方式主要有三种：特许经营、租赁、共同投资。

二、咖啡店

（1）商圈要求：商住楼、高档住宅区、饮食街、大酒店附近，人流充足。

（2）建筑要求：层高4米以上，要有适合装修的招牌位及广告悬挂点，排污、排烟管道铺设方便；有充足的停车位，至少10个。

（3）面积和租期要求：一般在300—500平方米之间。房租控制在4.5—5.5元/（平方米·天），租房年限5年以上，一般至少7年。

三、超市

（1）商业中心超市商圈要求：地段较好，位于市中心，新老城区接合部或大型住宅小区内的门面房；对于大型超市消费者步行到达店址所需时间在10分钟以内的范围为核心商圈，所需10－30分钟的范围为边际商圈，商圈内具有固定住所的常住人口为主体的现有及潜在人口总数，要求在15万—20万人，且周边人口具有一定的增长趋势。

（2）社区型综合超市商圈要求：消费者步行到达店址所需时间在20分种以内的商圈范围，商圈内具有固定住所的常住人口及潜在增长人口总数要求在5万—8万人，且周边人口具有一定的增长趋势。

（3）建筑形态：最好是框架结构，期房、现房都可。楼层不超过三层，层高净高不低于3.2米，柱距以8米×8米为宜，物业纵深以30—50米为佳。

（4）面积：便利店面积80—120平方米，标准超市面积800—2000平方米，社区店面积2000—5000平方米，大型卖场面积5000—20000平方米，购买用房面积一般为10000—20000平方米。

（5）合作方式：租赁、联建、购买。

四、火锅店

（1）商圈选择：选址于人口不少于5万人的居住区域或社区型、区域型、都市型商圈。

（2）建筑要求：框架式建筑，厨房可小于餐厅营业面积的1/3，其余同餐厅；楼上商铺亦可。

（3）面积和租期：面积150—500平方米，租期至少2年。

五、普通餐厅、快餐连锁等

（1）商圈选择：商务型的普通餐厅以商务酬宾为销售对象，一般选址在商务区域或繁华街市附近，或其他有知名度的街市；大众餐厅以家庭、个人消费为主，一般选址在社区型或便利型商业街市。而快餐连锁一般选址在客流繁忙之处，如繁华商业街市、车站、空港码头，以及消费水平中等以上的区域型商业街市或特别繁华的社区型街市。

（2）建筑要求：一般连锁餐饮要求框架结构，层高不低于4.5米。配套设施：电力不少于20千瓦/100平方米，有充足的自来水供应，有油烟气排放通道，有污水排放、生化处理装置，位置在地下室或一、二、三楼均可，但忌分布数个楼面。而普通餐厅因餐厅为个性化装饰、布置，各种建筑结构形式均适合开设餐厅，但剪力墙或承重墙挡门、挡窗除外，餐厅门前须有相应的停车场。

（3）面积和租期：面积快餐店要求200—500平方米，大众型餐厅80—200平方米，商务型餐厅150—10000平方米，租期一般要求不得少于三年。

六、面馆

（1）商圈选择：面馆是中式普通快餐的经营形态，原料加工半工厂化，制面、和面、切面等工序在工厂里完成。面馆以切面半成品加工成商品，大大缩短了生产时间，满足人们速食的要求。面馆宜选择交通支道、行人不少于每分钟通过10人次的区域……

（2）建筑要求：同餐厅。

（3）面积和租期要求：面积80—200平方米，租期2年以上。

七、一般服饰、礼品、运动品牌等专卖店

（1）商圈选择：商业气氛浓厚，客流量大，人气旺的高档综合商场附近；知名度及客流量佳的商业街(客流需满足目标顾客群特征)；知名度高的店铺附近(如麦当劳、肯德基附近)；大规模住宅区附近。

（2）建筑要求：商店可见度强，格局是浅方形最佳，门面不少于3米宽，且越宽越佳，橱窗位置及宽度需面向街道，越宽越佳，近期无城建规划。

（3）面积和租期：面积15平方米到80平方米，一般40平方米到80平方米为最佳，租期至少一年。

八、茶坊、酒吧

（1）商圈选择：消费者进入茶坊、酒吧、咖啡馆的动机是休闲或是非正式的轻松谈话，这与进入其他餐饮场所的动机不同。该业态是以文化、情调、特色，以及舒适和愉悦来吸引消费者的，其选址往往是高雅路段，具有清净、优雅的环境，消费对象具有一定的消费能力和文化修养。

（2）建筑要求：茶坊、酒吧、咖啡馆的布置和装饰有个性化与艺术化要求，但对建筑结构形式无特殊要求，视投资者创意、设想而异；层高不低于2.8米，电力按每100平方米10千瓦配置，有自来水供应；如与居民区相邻，最好设置隔音层。

（3）面积、租期要求：面积50—400平方米，租期2年以上。

九、电器连锁（苏宁、五星等）

（1）商圈选择：位于城市或某区域的商业中心，人流量大，交通便利的副省级以上城市直辖市、省会城市、副省级城市核心商圈；地级城市市区人口50万以上，具有一定购买能力的商业中心；县级市场如为沿海省份，选择江苏、浙江、广东等地的县级市，内陆省份发展较快的县级市（百强县优先），副省级以上城市的较发达的郊区县核心商圈。

（2）建筑要求：独立、清晰的产权。楼层从一楼开始，地级市场楼层不超过四楼，县级市场楼层不超过三楼；物业距街道的距离在6米以上，有开阔的停车场地和门前广场；有正常使用的消防系统、合格并正常使用的供水供电系统，空调系统、扶梯和货梯（两层以上）。

（3）面积和租期：副省级以上城市直辖市、省会城市、副省级城市核心商圈5000平方米以上，区域商圈4000平方米以上，大型社区3000平方米以上；地级城市市区人口50万以上，具有一定购买能力的商业中心3000平方米以上；江苏、浙江、广东等地的县级市，内陆省份发展较快的县级市（百强县优先），副省级以上城市的较发达的郊区县，核心商圈核心位置3000平方米以上。租期10年以上。

十、国美电器

（1）商圈要求：

商业街店——临街商铺（一层）。处于市级商圈、区级商圈。

店中店——在具有较大商流的大型商场或大型超市内，处于或接近电器商品销售区或日用消费品区。处于市级商圈、区级商圈。

社区店——位于可辐射多个高消费社区的商业区域，紧邻主要大型社区，社区人口10万人左右（一层）。

特定市场店——手机、IT一条街（一层）。市级手机、IT一条街。

交通枢纽店——位于地铁站、机场、车站、码头交通枢纽等处且已形成一定规模的商圈。

（2）建筑要求：独立、清晰的产权；楼层从一楼开始，楼层不超过四楼，楼层不超过三楼。

非店中店要有开阔的停车场地和门前广场；有正常使用的消防系统、合格并正常使用的供水供电系统，空调系统、扶梯和货梯（两层以上）。

（3）面积租期要求：1）小型店：30—50平方米。2）中型店：80—120平方米、160—240平方米。3）大型店：260—320平方米。4）旗舰店：400平方米左右。

（4）开店原则：小型店只经营3C商品，中型店和大型店根据店址所处商圈特点可选择和音像共同经营。商业街店和店中店及交通枢纽店以开设小型店和中型店为主，社区店以开设中型店为主，特定市场店以开设中型店和大型店为主。

十一、肯德基、麦当劳

（1）商圈要求：城市一类商圈的繁华地段，有一定的消费支持。

（2）建筑要求：①楼板到梁底高度，不得低于3米。②楼板承重：乙方厨房区楼板负荷为450千克/平方米，餐厅区活荷载为250千克/平方米。③供电：甲方提供空调及200千瓦的用电量，并提供一条185铜芯电缆于甲方配电室引至乙方指定位置，乙方自设配电盘，并独立安装电表。④供水：甲方提供25立方米水/天，供水管径为2.5/3.0英寸，水压不小于2.5千克/平方厘米，并具有相应的用水指标。⑤排水：甲方提供相应的排水管线位置，排水管径不小于6英寸。⑥隔油池：在餐厅附近区域应提供适宜位置，供餐厅制作隔油池，该位置将不导致争议或影响相邻关系。⑦化粪池：甲方提供与化粪池相连的管道至乙方租赁区域。

⑧排烟：提供室外相应的排放油烟管道位置，该位置将不导致争议或相邻关系。排烟管道的截面积为500毫米×700毫米。⑨招牌：在门脸上方提供招牌安装位置。⑩空调：甲方提供冷暖空调应保证使用时间自早8：00至晚11：00，其制冷量厨房应不小于450卡/（平方米·小时），用餐区应不小于350卡/（平方米·小时）。餐厅温度冬天应不低于15℃，夏天不高于25℃，春秋季应在20—25℃之间（如肯德基自设，甲方提供室外机位置）。⑪设备总重：冷库、排油烟机、汽水机、制冰机的室外机全部放置楼顶，设备总重3吨，下设槽钢可将设备均匀摆放，使楼顶均匀受力。⑫卸货车位：甲方提供临时卸货车位。⑬乙方按照肯德基和麦当劳统一标准对餐厅内部及外部进行装修。⑭消防系统：乙方自设消防系统并与甲方连通。⑮电话：甲方提供两条电话线路。

（3）面积、租期：首层350平方米（使用面积），门面12米。租期要求至少10年。

十二、便利店

连锁便利店的发展战略与百货公司和大型连锁超市不同，它在进入某个目标市场之前先划分商圈，再根据既定的原则，在商圈范围内选择合适的店址。

（1）商圈划分

商圈的划分不是以服务半径为原则，而是以便利性为原则，即以住宅小区为商圈的重心，根据街区和主干道的自然走向确定商圈范围。商圈确定后，便要根据既定的选址原则，在商圈范围内寻找合适的铺面，然后再根据已确定的铺面位置和面积，决定该商圈内的便利店数量。

（2）选址的原则

居民区入口处或主要交通道路。便利店的目标顾客为稳定的居民，应考虑居民出入小区的路线。

面积限制在50—200平方米以内。这个面积限制是便利店的最佳面积范围，既不会因面积太大而导致投入（例如便利店的设备和装修等）和费用（例如租金与人工费用等）太高，又可以保证有足够的商品陈列面摆放所需的商品。

便利店应保证在建设物的底层开设店铺，一般不要设在夹层或二层，楼层间高度保证在3米以上。

足够的配电功率，完善的水电和消防设施等。

1150米半径内居民不少于1万人，其中200米半径内不少于2000户。

位于社区商业中心街道（动线上）。东西走向街道最好坐北朝南；南北走向街道最好坐西朝东，尽可能位于十字路口的西北拐角。

与超市、商厦、饭店、24小时药店、咖啡店、茶艺馆、酒吧、学校、银行、邮局、洗衣店、冲印店、社区服务中心、社区文化体育活动中心等集客力较强的品牌门店和公共场所相邻。

独立商铺或楼房底层，门面展开宽度不少于6米。

门窗可改装为落地式大玻璃结构。

店铺产权清晰且至少可使（租）用6年。

有正常排水排污、通讯、五台空调主机位。

店前空地不少于店内经营面积，可停放20辆以上自行车及摩托车。店前或附近50米内可停放2辆以上小汽车。

店面、店侧及店前可发布（安装）30平方米以上的广告牌。

社区居民文明素质较高，治安状况良好。

社区交通方便、通畅，与过街天桥、过街地下通道、公共汽车站、地铁相通。

第二节　选址的注意事项

一、通信问题

不论准备从事哪种行业，都会经常与外界发生联系，所以信息的及时通达甚为重要。这就涉及通信是否方便的问题，这是卖场选址要考虑的一个问题。

二、安全问题

安全是卖场发展的保证，如果产品或原料价值很高，防盗、防破坏就显得更为重要。在选址时须了解该地的治安状况是否良好，如果治安良好，就可以放心地定下来；否则，就要花费很多人力财力去做防范工作。如果经营的产品或原料属于易燃、易爆品，选择地址时一定要远离火源，最好远离人口人员稠密区。如果产品或原料要求精度高，选址就要远离噪声、公路或其他灰尘较多的地区，以免这些因素造成原料或产品的损失从而影响销售。

三、广告宣传问题

选择卖场地址时，还应考虑广告宣传方面的事情。可以把铺面设在某一著名的建筑物或自然物旁，这些地段都是当地人人皆知、路人易见之处。同时，当别人问及卖场地址时，也不用多费口舌，就能说得准确无误，这对卖场的经营应该说是很有利的。

四、租赁房屋及柜台

租房开设卖场是最常见的一种形式。租赁之前，应先了解房屋的基本条件及价格，查看房屋的产权状况，看是否适合自己经营，房屋有无破损，楼面的受力以及水电等情况，了解价格及房租的税收情况，然后再签一份合同（一式两份）。合同要规定租期、价格，是否可以进行装修，税额的负担人，所租的面积多少，其他杂费由谁负担等。其中最为重要的是，它是否适合经营者的生意，一般顺序是首先看它的地段，房租其次。不能贪便宜找一个没顾客的地段。

五、与房主联营

这是房屋所有者与经营者联合经营的一种形式。联营同样要签协议，协议内容应该包括以下内容：经营项目、投资比例及分红比例、参加联营的人员名单及数量、投资分配等。但要注意，不能以假联营代替租赁，否则会惹来税务上的麻烦。

第三节　卖场选址的几点禁忌

选址是开设卖场的第一步。谁都愿意选一个生意兴隆的旺地，但实际上事与愿违的情况并不少见，即使是经验丰富的商人也有看走眼的时候。因此，在选址时，应了解哪些地区不宜开设卖场。一般来说，不宜开设卖场的地区有下面几种：

一、高速公路边

随着城市建设的发展，高速公路越来越多。但由于快速通车的要求，高速公路两边和中间一般都有隔离设施，无法穿越，公路旁也较少有停车场地。因此，尽管公路两边有客流，也不宜作为新卖场选址的区域。人们往往不会为一项消费而在高速公路上违章停车。

二、坡路上

在正常情况下，卖场的地面应与道路路面基本处于一个水平面上，这样比较有利于顾客进入卖场，因而被认为是理想的地形情况。但也有例外的情况，最常见的有两种，一种是设在坡路上的卖场，一种是路面与卖场地面高低悬殊。

1．设在坡路上的卖场。卖场设在坡路上，一般认为是不可取的。然而，总有一些卖场会遇到此种情况，如位于山城的卖场。因此，如果卖场不得不设在坡路上的话，就必须考虑在卖场与路面间的适当位置设置入口处，以方便顾客进出。另外，在橱窗的位置、通道的安排、商品的陈列等方面，都应有适当的设计。

2．路面与卖场地面高低悬殊。道路平面与卖场的地面高低悬殊时，也被认为是不理想的卖场地形位置。但是，在寸土寸金的都市中，在地下、楼上和有几级台阶的房屋内开设卖场，却是常有的事情。遇到这种情形时，对卖场的门面、入口、天花板和招牌等进行设计安排时便应特别注意，既要有利于吸引顾客进入卖场内，又要方便出入，楼梯、阶梯和门的宽度尤须仔细推敲一番。

三、居民少的地段

周围居民少且增长慢而商业网点已基本配齐的区域不宜作为新卖场的位置，这是因为在缺乏流动人口的情况下，有限的固定消费总量不会因新开卖场而增加。

四、高楼

这种地方不宜开设卖场，这不仅因为在高层开设卖场不便顾客购买，也因为高层开设卖场一般广告效果较差，商品补给与提货都不方便。相对来说，地下比楼上要好一些。

五、马路

卖场大门不宜正对着一条笔直的马路，这会因过往车辆产生的废气使卖场周围的空气受到污染，顾客购物犹如在滚滚烟尘中进行，令人大倒胃口。

六、小巷

卖场大门不宜正对两座并列的高楼大厦之间的小巷，一来成为“穿堂风”的风口，使卖场气流不稳定，影响营业者的健康与情绪；二来由于门前巷窄墙高、阴森森的，顾客不愿进来，自然会影响生意。

七、风口

卖场门口不宜选在风口位置上，不管北方还是南方，一到冬季寒风袭人，尤其是北方城市，如果不考虑风向问题或不采取挡风措施，肯定会影响顾客购物。

八、有障碍物

卖场门前不宜有障碍物，这样会挡住卖场门面，影响卖场的可见度，减少客源。另外，特别是不能正对着树体粗壮树叶茂盛的大树，因为容易造成空气不流通，且一旦遇上雷雨天还有遭受雷击的危险。

九、行人过路口

行人匆匆而过的地方不宜开设卖场，因为过路人群无暇逛街购物。

十、死巷

卖场大门不宜正对着死巷（即不能穿过的死胡同）。死巷空气沉闷、不通透，人流量极少，使人从心理上产生压抑感，影响情绪，进而影响卖场生意。

第四节　案例分享——某著名连锁电器企业的选址体系

本节所举案例是逸马顾问服务的某著名连锁电器企业的选址体系。

一、该城市电器连锁店定位

该城市电器连锁店定位三、四级市场连锁，根据国家行政区域划分，该城市电器连锁将县（含县级市）称为三级市场，镇（乡）称为四级市场。该城市电器连锁店选址在相应区域基本标准如下：

1．县级连锁店：

该城市电器县级连锁店应设立于符合准入评分或战略布局意义县镇的核心商圈，在当地居民心中有较高知名度，门店面积在600—1500平方米之间，具体标准如下：

（1）县级门店选址应在符合准入条件的县城核心商圈或中心位置，辖区内不少于20万居民，有较好的家电销售氛围。

（2）交通方便，与本城往返乘客上车下车最多的车站同一街道附近，或者在几个主要车站的附近，步行不到15分钟的街道。

（3）门店所处位置在当地有较高知名度，面积不低于600平方米，在600—1500平方米之间。

（4）店面选择应临主干道，设在三岔路的正面，最好在拐角的位置，位于两条街道的交叉处。

（5）店外有充足促销空间或者停车位，停放20－50辆容量。

（6）目标店一定要有突出的外观形象、丰富的广告位资源，如门头和外墙等。

（7）卖场的结构要适合经营家电，无过多立柱、无死角，能够按公司标准进行商品布局和出样，并能为消费者创造一个良好的购物环境。

（8）租金较合理，原则上租金应控制在预期营业额的2%以内。

2．乡镇连锁店：

该城市电器乡镇门店应设立于具有辐射性重点城镇主街道，门店面积为300—1000平方米之间，具体标准如下：

（1）镇级门店选址应在符合准入条件的城镇主要街道或中心位置，辖区内不少于4万居民，有较好的家电销售氛围。

（2）交通方便，在当地车站附近，或者在几个主要车站的附近，步行不到15分钟的街道。

（3）门店所处位置在当地是必经之路，面积不低于300平方米，在300—1000平方米之间。

（4）店面选择应临主干道，设在三岔路的正面，最好在拐角的位置，位于两条街道的交叉处。

（5）店门口具有30平方米空地。

（6）目标店门头应不少于3米，有可做墙体广告外墙不少于10平方米。

二、拓展规划与谋局布点

该城市电器选址体系的当前任务是围绕拓展工作对经销商店址进行科学、综合评估，从而解决经销商谈判中店址价值评估尺度问题，并保证筛选出经销商口最具增长潜力和发展意义的店址。

从该城市电器未来连锁规划来说，选址体系同时要为未来区域、全国性扩张谋局布点进行数据和经验储备，以利未来连锁开店、布点决策，并购和开店是该城市电器连锁事业扩张的必由之路。

门店行业是植物性行业，立地点的好坏对未来营业额有举足轻重的影响，因此，选择好店，抢占好点，并将点布成面，将是该城市电器连锁企业发展的核心竞争力之一。在未来竞争可能加剧的态势下，如何系统前瞻地进行全国谋局和布点规划，在短期内快速建立星罗棋布的门店，抢占三、四级市场连锁版图，将是该城市电器连锁企业全国成功关键，也是选址体系主要任务。

三、选址评估模型及参数设计

中国的三、四级市场幅员非常辽阔，它包含了374个县级市、1636个县及19883个镇、17451个乡。中国各地市场的差异性非常大，各地区的文化、风俗、经济发展水平都迥然不同，同时各地的消费能力、消费观念都有很大的区别。因此需要对该城市电器选址评估模型及参数进行有效设计，并探索实际应用的变化方式和规则，通过实际选址经验结合与验证，不断完善，为该城市电器发展所用。

选址评估模型及调查指标如下：

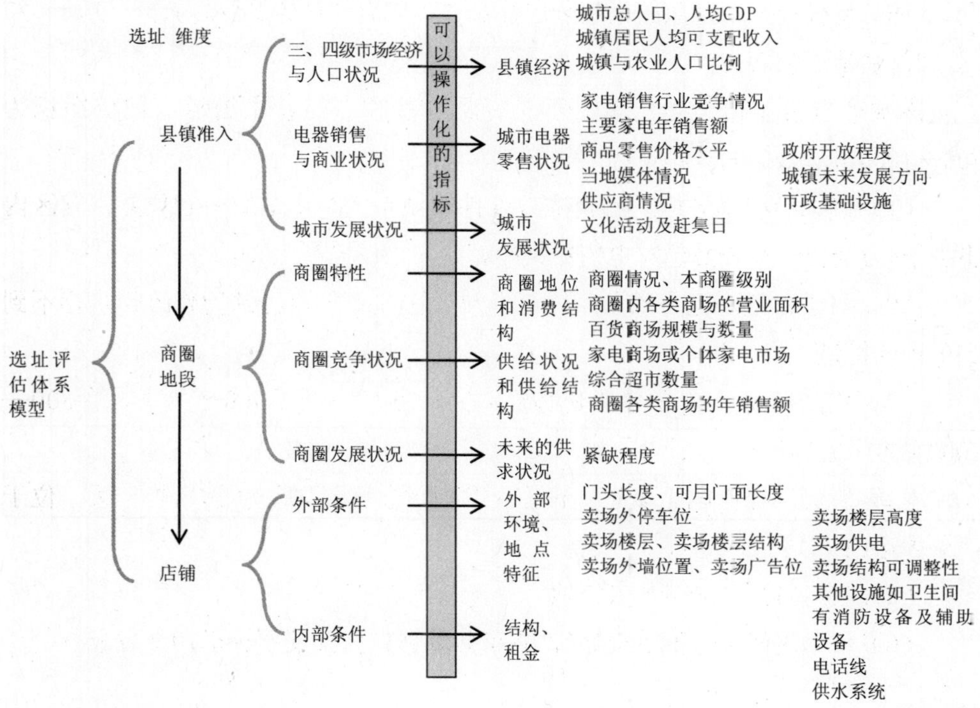

四、选址流程

1. 区域市场调研流程

公司名称	××城电器	流程分级	
流程名称	区域市场调研流程	概　要	连锁业务流程体系

	总经理	拓展部	其他部门	信息部门
	A	B	C	D

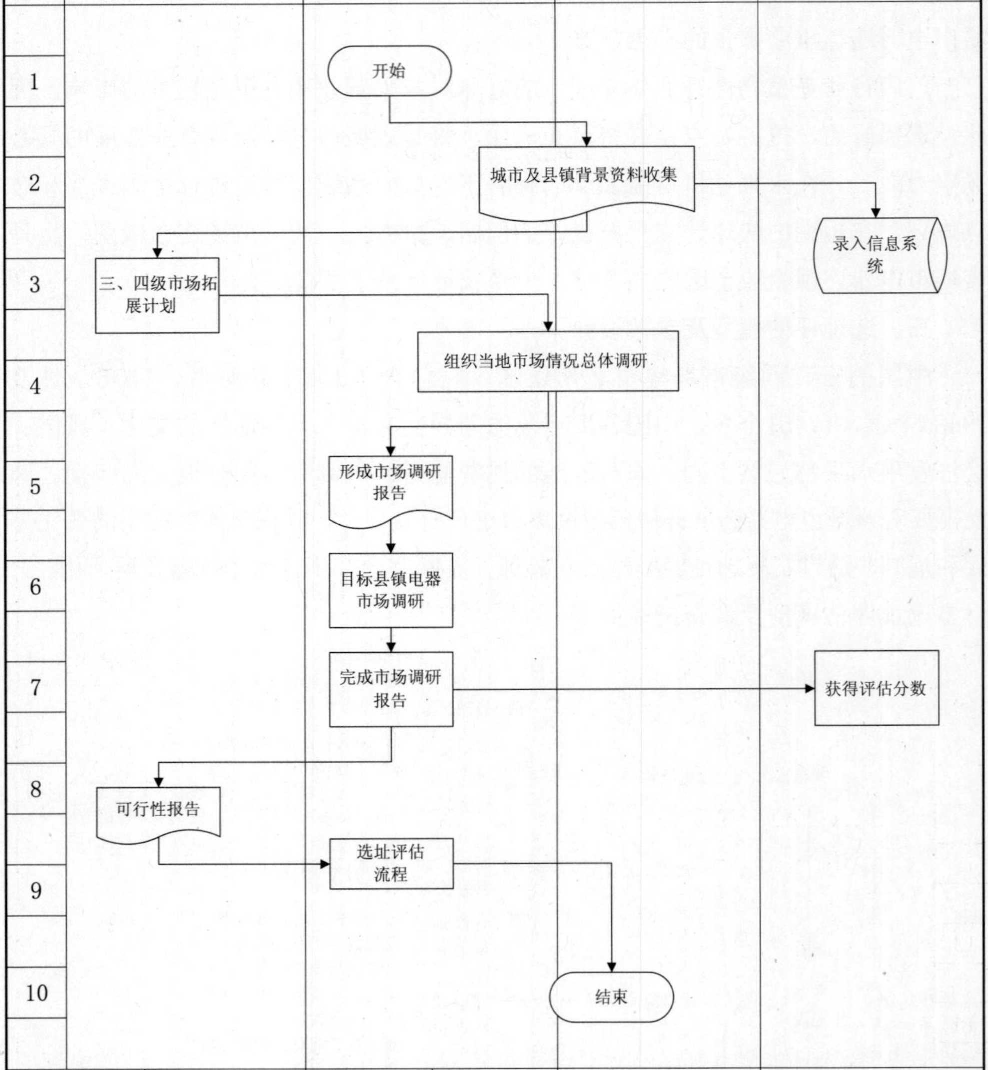

归口部门		密　级		页　　数	
版 本 号		签发人		签发日期	

2．拓展店址评分流程

公司名称	××城电器	流程分级	
流程名称	拓展店址评分流程	概　　要	连锁业务流程体系

	总经理	拓展部	经销商
	A	B	C

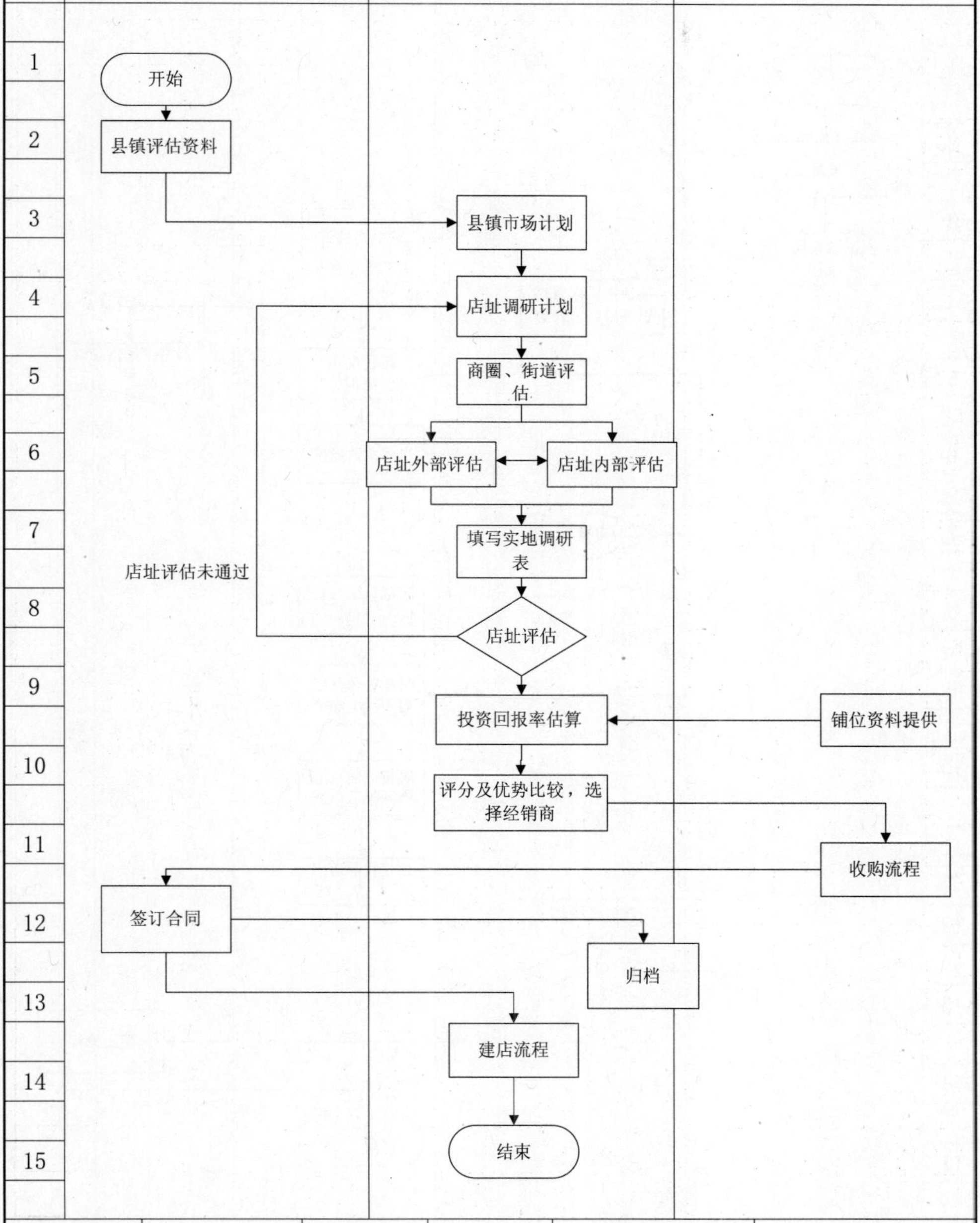

归口部门		密　级		页　　数	
版 本 号		签发人		签发日期	

3．直营店选址流程

公司名称	××城电器	流程分级	
流程名称	直营店选址流程	概　　要	连锁业务流程体系

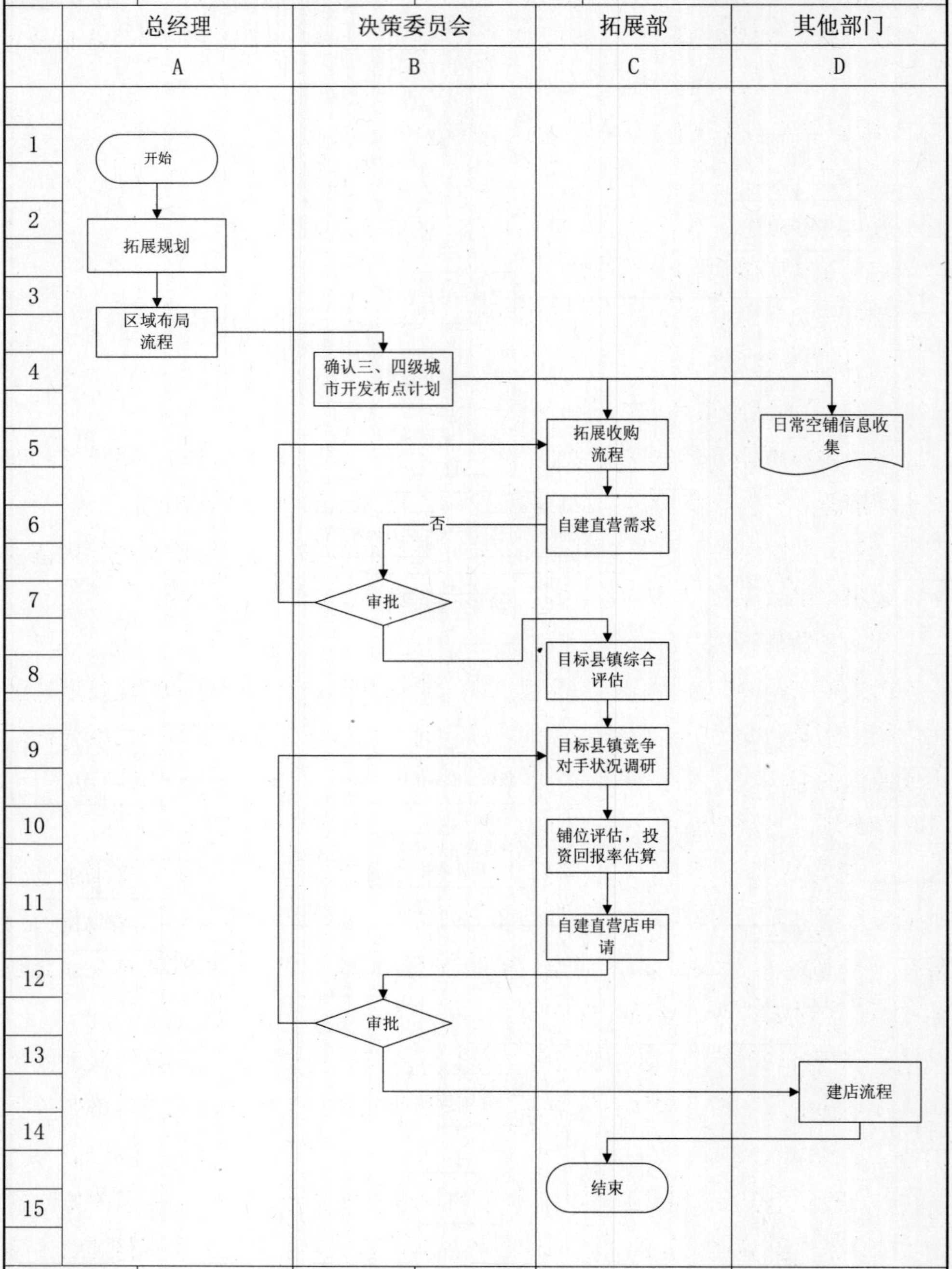

归口部门		密　级		页　　数	
版 本 号		签发人		签发日期	

五、选址操作规范

1. 区域市场调研规范

（1）目的：为深入了解三、四级市场及消费者情况，进行有效布局，确保投资回报和有效决策，使区域调研工作有章可循，达到规范化标准化，特制定本规定。

（2）范围：本规定适用于该城市电器连锁公司拓展部。

（3）职责：

公司总经理负责本阶段及未来发展重点区域选定。

拓展部负责组织区域市场调研工作。

信息部门负责信息录入、存储管理及开发选址决策软件工作。

2. 作业内容

（1）三、四级市场背景资料日常收集

①该城市电器连锁公司相关部门在运作中应有计划、持续地组织进行三、四级市场的背景资料收集工作，以储备未来大规模扩展所需的信息资料。

②三、四级市场的背景资料应按照未来选址决策需求的关键信息进行规范收集，收集标准参见“三、四级县镇进入系数考评表”。

（2）区域三、四级市场调研计划

①根据公司的拓展计划，总经理在现有资料基础上负责圈选本阶段发展之区域，拓展部负责当地三、四级市场的总体调研，以保证未来密集的开店或合作，形成布局优势。

②市场调研的原则：

a．实事求是。在进行市场调研时，一定要尊重客观实际，讲究实事求是。对于那些调查数据与经验数据相差比较大的情况，或者那些具有鲜明地域特色的情况，一定要仔细分析，深入调查，弄清原因。只有这样，市场调研结果才会是客观的、科学的，也将会是更准确的。

b．要有针对性。对选定地区所进行的市场调研主要是从三个方面入手的，这其中对竞争对手的调研要有针对性，一般该城市电器连锁选择的是当地销量位列前三名的商家。

c．细致、深入。市场调研工作需要花费大量的精力，同时又是至关重要的一项工作。参与该项工作的人员一定要做到细致和深入，也就是调查得细致、分析得深入，哪怕有一点点模糊或疑问，都不能放过，只要能考虑得到的对该城市电器连锁有用的数据和资料都应想尽一切办法得到，并且要保证所有提供的结果的准确性。

（3）组织市场总体调查

①市场概况：市场总体调查主要侧重于市场宏观方面的调查，其中主要包括以下几方面的信息：

a．城市的自然情况

城市的自然情况包括地理位置、面积、人口、户数、城区等等。以上信息可以通过统计局提供的数据和当地的地图了解到。

b．经济指标

其中主要包括如下指标：国内生产总值、社会消费品零售总额、在岗职工平均工资、居民可支配收入、物价总指数、在岗职工平均工资、居民可支配收入、人均储蓄存款、消费性支出、恩格尔系数等等。以上信息的来源是当地的统计局编写的统计年鉴。

c．电器销售情况介绍

电器销售情况介绍方面主要是介绍城市的商业概貌，商业的竞争情况，便于该城市电器连锁在进入该市场以前，对当地的商业和竞争对手有个总体的认识。主要需要调查的数据包括该城市的商业零售额、主要经营业态、主要的商业企业及其竞争情况。获取这些信息可以登陆当地政府的网站，或者是查阅地方志。

d．主要商圈分布

商圈分布的情况，商圈消费的集中度、交通情况、市政建设规划情况等等。

e．主要居民区分布

居民区分布的主要区域，各区人口的收入水平、年龄构成情况，交通情况等等。

f．有关消费者的调查

当地消费者的消费习惯及共性的消费心理等等。

②家电行业情况

对城市家电行业情况的调查分为宏观和微观两个方面。宏观方面主要是获得家电市场总容量，以及每百户拥有量。根据每百户拥有量和当年或前一年的每百户购买量，可以对下一年的购买趋势作出预测。宏观方面的数据可以通过查询当地的统计年鉴获得。微观方面最好是能够获得上季度或上年度主要竞争对手的电器销售数据。通常这样的数据由当地的商业部门做统计和管理，一般不易获得。

③竞争对手情况

对竞争对手的分析可以分不同的经营业态进行，在家电销售行业的不同的业态中确定最有竞争威胁的业态，在其中找出最有竞争威胁的对手，并对之进行充分的调查和分析。要详细分析竞争对手在当地的市场地位、市场份额的占领情况、经营规模、竞争优势、信誉度、产品策略、目标消费群体、购物环境、储运、售后服务、开业后的发展趋势等等。

④其他方面信息的调查

a．对政府相关政策的调查和了解，包括政府未来几年内在房屋拆迁、道路拓宽等方面的市政规划和具体措施，以及在行业调整和建设方面的大致规划；

b．特色情况的调查，例如在付款方式上有些地区认可分期付款；

c．对购物方式发展导向的调查，例如对电子商店、网上购物等的接受和认可程度的调查了解；

d．当地的交通、道路状况和运力水平。

对于上述数据和资料的来源，一般采用实地考察来获得。其中a项内容非常重要，在考察时要引起重视。

（4）各电器市场调研

市场总体报告交连锁总部，连锁总部对该报告进行仔细的研读，了解当地市场的主要情况后，针对当地市场的每一个电器市场进行调查。这次调查不同于市场总体的调查，应该更具有针对性，一是要针对相应的电器市场，二是要针对产品、品牌，三是要针对竞争对手。各电器市场调研要深入，参见本章附表。

（5）统计分析

①数据的整理和统计

a．将所采集的数据加以分类；

b．将分类好的数据按类汇总；

c．根据分类汇总结果进行整理和统计，填写“三、四级市场调研数据表”。

②审核分析

a．对统计的结果加以分析，并结合该城市电器连锁的现状和发展需要（更多的是拓展合作的需要）展开讨论，找出其中对该城市电器连锁有价值的数据；对于那些该城市电器连锁需要的但是不能直接获取的数据和材料，寻找获取的方法。最后对该城市电器连锁进入该市场的可行性及进入策略进行分析论证。

b．上述工作的完成必须是由参与调查的人员和拓展部相关人员共同参与，并进行讨论和分析，对整理出的结果进行甄别与核实，对于不清楚的、遗漏的以及差别较大的数据或材料必须重新考察，务求准确、客观，若其中的某些项目一时无法考察，必须注明，并向总部或相关部门求助。最终取得的数据和资料都将可能会成为相应的标准。而这些标准（数据和资料）将是未来某个区域连锁发展规划形成的主要依据，诸如：在某个区域内，应该布几个点，布在哪些位置，采取什么样的经营方式，规模应该有多大，分别经营哪些品牌，战略定位的大致方针等等。

（6）数据录入与管理

①拓展部对调查完成的结果应及时提交信息部门，总部组织进行数据录入，由信息部门根据三、四级市场选址数据库进行数据的汇总、完善。

②信息部门未来应在数据库基础上组织选址评估及决策软件的开发。

六、 拓展店址评分流程

1. 目的：

为配合拓展门店的选择和收购，确保对经销商店址进行科学、综合评估，从而解决经销商谈判中店址价值评估尺度问题，并保证筛选出经销商中最具增长潜力和发展意义的店址，特制定本规定。

2. 范围：

适用范围：本规定适用于该城市电器连锁拓展部。

3. 职责：

（1）公司总经理负责经销商店址的最终选定。

（2）拓展部负责组织区域市场调研工作和经销商及店址综合评估工作。

（3）拓展收购小组负责经销商谈判和筛选。

4. 作业内容：

（1）经过前期区域三、四级市场调研，拓展部应确定本年度县镇市场开发计划时间表，提交总经理。

（2）拓展部在市场调研基础上明确各地区可合作经销商名单，建立店址调研及谈判计划，组织实地调研，参见拓展手册之流水表。

（3）经销商选址评估的要素：在前期的市场调查和论证完成后，明确制定三、四级市场的收购合作计划，再进入实质性的选址评估阶段，对经销商选址评估工作必须把握四大核心要素：

①保密：经销商选址评估应在保密的状况下进行，当完成所有备选经销商的店址评分后才进行经销商的接触，店址评分及人流测算等必须在保密情况下进行。

②位置：不论当地三级或四级市场经销商经营能力和经营水平如何，其拥有卖场位置是首先考虑的要素，商圈、客流、交通便利、突出的形象、家电销售氛围是决定在三、四级市场经营成败的关键。

③店面形象与卖场结构：备选合作店一定要有突出的外观形象、丰富的广告位资源，如门口有促销空间，有墙体广告；卖场的结构要适合经营家电，无过多

立柱、无死角，能够按公司标准进行商品布局和出样，并为消费者创造一个良好的购物环境。

④租金：了解经销商及周边店铺的租金水平，并侧面了解目标经销商租约期限。

（4）实地店址评估的组织

①拓展部成立先期小组，在保密的情况下进入目标县镇进行经销商评估，力争在较短时间掌握所需的信息，为谈判争取主动。

②拓展部应在店址评估前为目标经销商建立档案，通过与该城市销售部门合作进行经销商个人资料及销售状况的了解。

③每个目标城市应建立不低于三家备选经销商档案及评估资料，先期小组应在规定时间完成计划合作的三、四级市场经销商评估资料，对店址低于公司三、四级市场电器连锁店定位标准的，不可实际合作但可作为谈判筹码进行资料准备。

（5）经销商店址位置调研评分：先期小组应对当地商圈进行详细调查，对目标经销商门店地理位置评估使用“三、四级县镇商圈及位置状况考评表”进行实地打分，如意向经销商正筹备开新店或迁址，特殊情况须详细说明。

（6）经销商店址调研评分

①店址外部调研，先期小组应对目标经销商门店进行实地走访，填写走访记录，对地址不佳但依靠经销商努力积累而获得一定经营业绩的，不能给予加分。

②经销商店址的内部调研，先期小组应对目标经销商门店进行实地暗访，应用目测及步测方法，对店址内部结构进行评估，填写“卖场结构及设施考评表”。

（7）填写实地调研表：根据调研所获情况，进行实地调查报告的填写，补充当地资料，包括主要、次要商圈和家电销售集中的地带，以及当地消费水平，明确店址所处地位及内部结构图。

（8）店址评分

①根据目标经销商实际情况对“三、四级县镇商圈及位置状况考评表”、“卖场结构及设施考评表”进行评分，确定当地经销商在店址上的优先顺序。

②对目标经销商店址所处商圈和店址评估任一项未超过公司规定的合格分值的，应予以关注，如经再次详细评估仍不能达到公司规定标准的应予以淘汰。

③考察过程中发现更合适的店址或空铺资源，先期小组应一并予以评估记录，以便公司运作。

（9）投资回报率估算

①先期小组完成目标市场的经销商的评估后，总部将派出谈判专家和财务人员与先期小组组成合作谈判小组进行经销商合作谈判准备。

②先期小组应详细介绍选址情况，谈判小组人员应针对经销商店址进行投资回报估算，判定该店址在当地是否具有战略意义和稀缺性。

③考察目标经销商聚客及知名度状况：目标经销商门店在当地已开办一定时间，形成了较好的口碑的，需要从人流及营业指标上评估其聚客能力。

（10）综合比较

①谈判小组应对目标经销商综合评估因素进行合作评估和投资回报估算，具体操作参见拓展手册。

②合作中开发人员应以勤奋、严谨的工作态度和工作方法，充分体现该城市的实力和风貌，赢得合作对象的尊重和支持。

（11）收购流程：先期小组应详细介绍选址情况，谈判小组人员应针对经销商综合评估因素进行合作评估和投资回报估算，具体操作参见拓展手册。

（12）签订合同

①经销商评估资料和合作方式在拓展部经理及财务经理签字确认后，上交总部审核，审核后连同建筑平面图上报总部备案。

②获得总经理批准后，与经销商签订合作协议，并将签订后的合同原件一份寄回总部存档，复印件一份寄回总部营运中心存档。

5．规定：

以上规定部门必须严格执行，拓展部负责人要严格审核。总部将对选址过程情况进行检查，发现弄虚作假者将严肃处理。

七、直营选址操作规范

1．目的：

为配合拓展计划，完成三、四级市场布局及抢占有利的战略位置，保证门店选址工作的质量，防止选址失误带来经营损失，规范自建直营店选址操作标准，特制定本规定。

2．范围：本规定适用于该城市电器连锁拓展部。

3．名词解释：无

4．职责：

（1）公司总经理负责直营开店决策和店址的最终选定。

（2）拓展部负责组织区域市场调研工作和直营店选址及店址综合评估工作。

5．作业内容：

（1）拓展计划制定：拓展部根据公司发展目标制定年度拓展计划，明确本年度拓展店数、区域及经营目标，参见年度拓展计划。

（2）区域布局：在年度拓展计划与预算明确后，如何系统前瞻地进行区域谋局和布点规划，在短期内快速建立门店网络和运营规模，抢占该区域绝对领导地位，将是该城市电器连锁拓展成功关键。区域布局依据有以下几点：

①联片开发：我国县、乡镇分布广，单个市场容量小。这些特性造成开发单个市场的成本很高，很费力，而得到的收获非常有限。该城市电器连锁开发三、四级市场采取联片开发策略，一下子开发一个省内的大多数相邻县市，形成相对规模，才能摊薄成本，实现赢利，为保证联片开发及控制，需要在关键位置自建一定直营店。

②同类型三、四级市场开发：三、四级市场幅员非常辽阔，各地市场的差异性非常大，各地区的文化、风俗、经济发展水平都迥然不同，通过设计三、四级类型市场划分指标，可将同类三、四级市场经营模式复制和快速开发，具体内容参见公司相关指导文件。

③物流配送中心规划：为保证区域整体运营效益，该城市电器连锁将进行系统物流规划，配送中心设立论证后，可依据配送中心覆盖范围进行门店开发。

④农村包围城市战略实施：该城市电器连锁拓展要持续强化三、四级市场的竞争优势，同时要防止大型家电连锁渗透三、四级市场，需要和战略地位较高的市场进行抢点。

（3）自建直营店需求：区域布局及合作拓展受阻均需要该城市电器连锁启动自建直营店，拓展部将需要直营店建设需求报总经理决策会议论证审批，经充分论证后进行筹建。

（4）直营选址程序：在选址时一定要本着县镇准入→商圈→店铺结构条件、租金顺序考虑的原则，首先要明确在哪个县镇适合开店，其次是在该区域内选择适合做家电卖场的地点、商圈（某条街、某个路段），第三是将符合结构要求要求的铺位以最低的租金谈下来。

（5）县镇准入评估：三、四级市场由于特性，应本着“哪些县条件成熟，就先开发哪些县”的原则，对于还不成熟的县镇，可以暂缓开发，或者以较小的力度开发，把资源集中到条件成熟的县。

①县镇准入评估的经济指标主要有城市总人口、人均GDP、城镇居民人均可支配收入、城镇与农业人口比例等。

②县镇评估还需综合当地电器销售与商业运作的情况，参见“三、四级县镇进入系数考评表”。

③通过“三、四级县镇进入系数考评表”，低于60分的县镇原则上应不进入，除非公司出于战略上考量可适当加分，评估“物流及沟通辐射状况评估表”。

（6）商圈、街道选址评估：连锁店的选址尽量选择在核心商圈、商业主干道，尽量靠近核心位置，不要选择商圈的末端。尽量选择交通四通八达、客流量大、人气旺的核心商圈（或街道）。

①目标门店所处商圈、街道需要符合公司规定条件，该城市电器连锁店选址在相应区域基本标准如下：

a．县级连锁店：该城市电器县级连锁店应设立于符合准入评分或战略布局意义县镇的核心商圈，在当地居民心中有较高知名度，门店面积在600—1500平方米之间，具体标准如下：

县级门店选址应在符合准入条件的县城核心商圈或中心位置，辖区内不低于40万居民，有较好的家电销售氛围。

交通方便，与本城往返乘客上车下车最多的车站同一街道附近，或者在几个主要车站的附近，步行不到15分钟的街道。

门店所处位置在当地有较高知名度，面积不低于600平方米，在600—1500平方米之间。

店面选择应临主干道，设在三岔路的正面，最好在拐角的位置，位于两条街道的交叉处。

店外有充足促销空间或的停车位，停放20－50辆容量。

目标店一定要有突出的外观形象、丰富的广告位资源，如门头和外墙等。

卖场的结构要适合经营家电，无过多立柱、无死角，能够按公司标准进行商品布局和出样，并能为消费者创造一个良好的购物环境。

租金较合理，原则上租金应控制在预期营业额的1%以内。

b．乡镇连锁店：该城市电器乡镇门店应设立于具有辐射性重点城镇主街道，门店面积为300—1000平方米之间，具体标准如下：

镇级门店选址应在符合准入条件的城镇主要街道或中心位置，辖区内不低于10万居民，有较好的家电销售氛围。

交通方便，在当地车站附近，或者在几个主要车站的附近，步行不到15分钟的街道。

门店所处位置在当地是必经之路，面积不低于300平方米，在300—1000平方米之间。

店面选择应临主干道，设在三岔路的正面，最好在拐角的位置，位于两条街道的交叉处。

店门口具有20平方米空地。

目标店门头应不少于3米，有可做墙体广告外墙不少于50平方米。

②通过市政规划了解城市现状及未来的发展和变化，以确认店址在未来数年内不被拆迁。

（7）卖场结构及设施评估：店面条件应满足公司的基本要求，参见“卖场结构及设施考评表”。

①面积：600—1500平方米（不含办公区、库房等临界营业面积）。

②楼层（优先次序）：(如有特殊情况须详细说明)

a．主一层无台阶。

b．主一层带地下一层。

c．地下半层。

d．主一层带二层。

③结构：

a．以适合于商场经营的框架结构为首选。

b．以独立经营的房屋为主，力求避免店中店。

④层高：卖场内净空高度3—4米。

⑤通道：至少有两部步行梯通往不同楼层，每部宽度不应低于两米，步行梯应位于明显位置。如有电动扶梯更佳。

⑥库房：如有配套库房100平方米左右更佳，可确保存货安全，提货便捷。

⑦设施：

a．应有符合国家消防标准的消防设备及附属设备。

b．应有符合国家标准的烟感报警系统。

c．符合标准的照明系统。

d．常规供水系统。

e．独立使用并可向顾客开放的洗手间。

f．足够的电话线路。

⑧停车位：商场前应具备10个以上停车位。

⑨免费提供门前充足的促销活动场地（200平方米或以上）。

⑩商场外部形象：

a．商场正面宽度应不少于30米。

b．商场正面应免费提供不少于300平方米的广告位置，用于设立企业招牌及提供给厂家制作产品广告。

c．商场正面应可独立装修，突出该商场统一的VI标志。

d．商场侧面和楼顶应尽可能多地争取广告位。

⑪供电能力（在不含空调和自动扶梯的前提下）：600—1500平方米不低于100千瓦。

⑫租赁资质：

a．出租方必须具备房屋产权、出具产权证明。

b．出租方必须具备房屋出租权，出具房屋出租许可证，并承担纳税责任。

c．出租方必须是独立法人单位，具备独立对外签署租赁合同的资格或有上级授权。

d．出租方必须具备独立进行物业管理和房产维修能力。

e．出租方必须允许承租方对承租场地进行独立装修，封闭管理，自主经营。

⑬其他要求：

a．对承租方的经营给予支持和配合，出具必要的证明、办理相关手续。

b．出租方不得将同址其他场地租赁给承租方经营范围相同的商家经营。

c．出租方应有能力帮助承租方处理与当地主管机关的公共关系。

d．出租方应提供符合国家要求的房屋租赁发票。

e．在同等房屋条件下，力争最低的租金价位。

f．出租方的房屋租金不能有租金年递增要求（根据谈判条件制定）。

g．营业面积有扩大空间的，在同等条件下，优先考虑。

h．一般情况下，租期应在5—8年。

（8）人流量测算方法与规则

①人流量测算是对于可选卖场聚客情况的客观认识，如新店选址并未在核心商圈或县镇中心，则应进行人流量测算和对于人流质量的观察判断，才可能客观地呈现预定点（或商圈）是否具有开发价值。新店选址呈报总部连锁发展部评估之前需要测算人流量。

②人流量测算的原则：

a．遵守选址指导书的人流量测算规则及方法；

b．对于数字，应真实、准确、可靠；

c．对于数字不得有任意更改（如有市场特殊情况，应及时提供具体说明）；

d．要确保测算人员对测算有正确的认识，并了解测算的方法和操作。

③人流量测算规则及方法：

a．测算的时间为周一至周五（其中两天），每天的测算时段为早上8：00—晚上10：00；

b．在进行测算的两天内，应避免法定节假日；

c．统计的人流，应当是店址一侧，经过店址主入口正前方的人流。

④在下列情况下，可将店址对面人流的50%计入总人流量：

a．店址正前方的道路宽度小于双车道，且道路中间没有任何障碍和隔断；

b．选址正前方的道路是步行街且中间有障碍间断性的隔断（如花台等），但是，该步行街必须是由政府确认的，并且至少在今后两年内不会改变，若有任何特殊情况，请说明；

c．将道路对面人流的50%计入总人流量。则总人流量的计算如下：

店址一侧人流量＋店址对面人流×50%＝总人流量

⑤在下列情况下，可将店址对面人流的100%计入总人流量：

如果店址正前方为步行街，且步行街中间没有任何障碍，则可将对面人流全数计入。总人流量的计算如下：

店址一侧人流量＋店址对面人流＝总人流量

⑥在下列情况下，不得将店址对面人流计入总人流量：

除步行街外，若马路中间有障碍存在，则一律不得统计对面人流。则总人流量的计算如下：

店址一侧人流量＝总人流量

⑦只有当店址附近100米范围内有总计不小于100平方米的自行车停放区时，才可以统计自行车流量。

将自行车流量的50%计入总人流量。则总人流量的计算如下：

步行人流量＋自行车流量×50%＝总人流量

在数摩托车时请使用以上规则（同自行车一样）。

⑧开发人员观察与分析人流质量：

了解人流的质量是该城市电器连锁开发工作的重要组成部分。开发人员应于不同的时段前往新址查看人流情况，一般分为上午、中午高峰时段、下午、傍晚高峰时段、晚上等几个时段前往观察。这样才能全面掌握该店一天的人流质量情况。

⑨在前往观察人流的同时，应注意以下事项：

a．从人的衣着及外表试着判断经过该店门前的人流中属于城市人口的百分比。

b．试着判断经过该店门前的人流的年龄层次情况，判断12至40岁之间的人所占整个人流的百分比。

c．判断经过该店门前的人流动线方向，该店是否处于人流动线上，判断经过该店门前的人流来此地的目的何在，来此的主要目的是何种，所占百分比情况。

（9）自建直营店申请及审批

①店址立项：

a．选址小组上报立项材料，包括：a）该城市可选卖场、该城市卖场、竞争对手分布态势图；b）可选卖场的位置及商流图（标注周边商场、竞争对手、街道、车道数、公交车站位置、公交车数量、客流方向及多少等）；c）可选卖场的所处商圈照片、卖场外立面照片（全景）、广告位位置示意图、内部结构照片、卖场建筑平面图（须标明我方租赁面积）、周边商场照片等；d）完整的调查分析报告，包括选址情况分析表、全套附件的可选卖场调查表格。

b．拓展部出具初步评估意见并向总经理提交立项申请报告，总经理核准。

②年经营情况预测表及租赁合同审批：

通过立项的店址拓展部尽快编制上报租赁合同和年经营情况预测表。

a．对拓展部上报的年经营情况预测表，由总部营运中心和物流部修正后，由总部财务中心对各项数据进行汇总修正，修正后的年经营情况预测表报营运副总经理/总经理审核后由分部在该店开业后严格执行。

b．对上报的租赁合同，由拓展部进行初审，总办法务部进行复审，未获通过的合同分部应按总部修改意见与甲方再次谈判进行修改，并再次提交总部审核，合同审核通过并经营运副总经理、总经理签署意见后报公司总经理审批。

（10）合同签订：获得总经理批准后，由拓展部立即和业主签订房屋租赁合同，并将签订后的合同原件一份寄回总部总办存档，复印件一份寄回总部营运中心存档。在签约当天将签约通知单传回总部营运中心。

6．其他

以上规定各部必严格执行，各管理人员要严格审核。总部将对上报情况进行检查，发现弄虚作假者将严肃处理。

区县基本状况数据汇总表

城市名称：__________ 调查人：__________ 调查日期：______年____月____日

序号	调查项目	单位	数量	序号	调查项目	单位	数量
1	总人口	万人		25	家庭户数	户	
2	农业人口	万人		26	户均人数	人	
3	16—25岁	万人		27	去年结婚数量	对	
4	25—35岁	万人		28	城市总面积	万平方公里	
5	36—55岁	万人		29	县镇面积	万平方公里	
6	城镇从业人员	万人		30	县镇人口密度	人/平方公里	
7	私营企业从业人员	万人		31	家用电器零售总额	亿元	
8	国内生产总值	亿元		32	县镇家用电器零售商	家	
9	固定资产投资总额	亿元		33	电器卖场数量	个	
10	消费品零售额	亿元		34	单品类销售额 乡镇家电经销数量		
11	GDP增长率	%		35	县镇电器卖场总面积	万平方米	
12	人均GDP	元		36	每平方米年产出	万元	
13	人均收入	元		37	空调专卖店数量	家	
14	商品房在建面积	万平方米		38	手机专卖店数量	家	
15	商品房均价	元		39	电脑专卖店数量	家	
16	公交线路	条		40	冰洗专卖店数量	家	
17	线路运行总里程	公里		41	A类商圈底商租金	元/（平方米·天）	
18	年运载量	人		42	B类商圈底商租金	元/（平方米·天）	
19	出租车保有量	辆		43	C类商圈底商租金	元/（平方米·天）	
20	机动车保有量	辆		44	地方报纸	家	
21	私车保有量	辆		45	地方广播电台	家	
22	自行车保有量	辆		46	地方电视台	家	
23	交通线路（长短途）	条		47	文化活动及赶集日		
24	交通线路运行总里程	公里		48	发展趋势		

三、四级县镇进入系数考评表

三、四级城市名称：____________　　市场类别：____________

序号	维度	100	80	60	40	0	权重	评分	得分
1	城市总人口	100万以上	80万—100万	60万—80万	40万—60万	40万以下	15%		
2	人均GDP	8500元以上	7500—8500元	6500—7500元	5000—6500元	5000元以下	10%		
3	城镇居民人均可支配收入	6500元以上	5500—6500元	5000—5500元	5000元以下		10%		
4	城镇与农业人口比例	40%以上	35%—40%	25%—35%	20%—25%	20%以下	10%		
5	商品零售价	高于全国平均价格10%以上	高于全国平均价格1%—10%	等于全国平均价格	低于全国平均价格1%—5%	低于全国平均价格5%以下	10%		
6	主要家电年销售额	年销售额1亿元以上	8000万—1亿元	6000万—8000万元	5000万—6000万元	年销售5000万元以下	10%		
7	家电销售行业竞争情况	价格竞争活动不多或不强，商场位置较好，装修档次一般	有一定的价格竞争活动，商场位置好，装修档次较高，与家电厂家的关系不好	价格竞争活动频繁，商场位置非常好	价格竞争活动较多，商场位置非常好，装修档次一般，与家电厂家的关系好	装修档次高，与其他家电厂家的关系非常好	5%		
8	媒体情况	本地媒体的收视率、阅读率、收听率60%以上，集中影响面广	本地媒体的收视率、阅读率、收听率40%以上，影响面较广	本地媒体的质量不高，收视率、阅读率低	本地媒体的质量不高，收视率、阅读率低	没有有线电视等媒体	10%		

（续上表）

<table>
<tr><td>9</td><td>活动及赶集日</td><td>常年有本地特色的产品博览会或交易会，独特的当地文化节日等</td><td>有本地特色的产品博览会或交易会，独特的当地文化节日等</td><td>每月有定期的赶集日</td><td>每季/年有定期的赶集日</td><td>没有本地特色的产品博览会或交易会，没有独特的当地文化节日等</td><td>5%</td><td></td><td></td></tr>
<tr><td>10</td><td>城镇未来发展方向</td><td>未来本区域经济、金融、商贸、旅游、文化、服务、交通枢纽、物流中心</td><td>本区经济、商贸、文化、服务、交通枢纽</td><td>大型矿产开发和专业化工业产品制造重镇</td><td>城乡接合部，卫星居住城市</td><td>以传统农业为主</td><td>5%</td><td></td><td></td></tr>
<tr><td>11</td><td>政府开放程度</td><td>没有地方保护主义，办事程序简单，廉洁勤政</td><td>有一定程度的地方保护主义，办事程序比较复杂，效率较高</td><td>地方保护主义严重，办事程序复杂，效率低</td><td>地方保护主义严重</td><td>地方保护主义严重</td><td>3%</td><td></td><td></td></tr>
<tr><td>12</td><td>市政基础设施</td><td>配套发达</td><td>基础设施齐全但质量不高</td><td>城市基础设施不齐全</td><td></td><td>配套不全，质量差</td><td>2%</td><td></td><td></td></tr>
<tr><td>13</td><td>人力资源</td><td>当地连锁零售商业、家电生产销售企业多</td><td>当地零售商业企业人才或家电销售公司人才较多</td><td>当地商业企业人才较多</td><td></td><td>当地零售商业企业人才或家电销售公司人才少</td><td>5%</td><td></td><td></td></tr>
<tr><td colspan="6" rowspan="3">主管核实与意见：

城市状况考评结果：很好（　）较好（　）一般（　）不好（　）
综合此城市状况，在该城市市场准入考评的结果是：宜早开店（　）适宜开店（　）延期开店（　）不能开店（　）</td><td>综合得分</td><td colspan="3"></td></tr>
<tr><td>填表人</td><td colspan="3"></td></tr>
<tr><td>填表时间</td><td colspan="3"></td></tr>
</table>

物流及交通辐射状况考评表

城市名称：________ 市场类别：________ 卖场类别：________ 卖场名称：________

序号	维度	100	80	60	40	0	权重	评分	得分
1	地理位置	位于两核心城市中间，距离50公里	位于两省交界处，多条国道通过	位于两省交界处，一条国道通过	辐射周边10个县镇		20%		
2	物流配送中心规划	配送中心所在地	距规划30公里	距规划50公里	距规划80公里	不在规划内	30%		
3	本区是否有铁路、码头	同时有铁路、水运码头	同时有铁路大运脉通过				10%		
4	当地的长短途交通线路数量	25条以上	15—25条线	8—15条线	8条线以下		10%		
5	平均出站时间	80%以上每5—10分钟一趟	65%—80%每5—10分钟一趟	50%—65%每5—10分钟一趟		50%以下5—10分钟一趟	10%		
6	半小时交通辐射人口	200万以上	150万—200万	100万—150万	80万—100万	80万以下	10%		
7	车线路经过区域半径3公里内该城市已开卖场数量	8个	5－8个	3－5个			10%		
8									
9									

主管核实与意见： 注：本城市状况考评结果：很好（ ）较好（ ）一般（ ）不好（ ）	综合得分	
	填表人	
	填表时间	

三、四级县镇商圈及位置状况考评表

三、四级城市名称：________　市场类别：________　卖场名称：________　商圈名称：____

序号	维度	100	80	60	40	0	权重	评分	得分
1	商圈/街道情况	仅一个复合商圈（街道）	有多个专业商圈（街道）	有多个复合、专业商圈（街道）	自创商圈		10%		
2	本商圈级别	核心商圈/主街	次商圈/次要街	卫星商圈/背街		零商圈	10%		
3	商圈内各类商场的营业面积	10000—15000平方米	6000—10000平方米	6000平方米以下			5%		
4	适用家电商场面积	3000—4000平方米	2000—3000平方米	2000平方米	1000平方米		10%		
5	商圈各类商场的年销售额	5亿元以上	3亿—5亿元	2亿—3亿元	1亿—2亿元	1亿元以下	5%		
6	商圈内电器连锁竞争	无电器连锁	三家电器经销店	当地较有名气的地方电器连锁店	有国美或苏宁电器连锁店	同时有国美、苏宁电器连锁店	20%		
7	商圈购物群体状况	本地购物人群占85%以上	本地购物人群占65%—85%	本地购物人群占50%—65%	本地购物人群占50%以下		10%		
8	本卖场离该商圈中最大人气最旺的商场距离	与最大人气最旺的商场连体或上下层近贴经营	与最大人气最旺的商场50米内，或对面经营	与最大人气最旺的商场100米内，对街或拐角经营	与最大人气最旺的商场100米以外，不在同一条街道经营		10%		
9	电器购买主要形态	潮流式购物	添置式购物	置业式购物			10%		

（续上表）

主管核实与意见： 商圈状况考评结果：很好（　　）较好（　　）一般（　　） 不好（　　） 综合此城市状况，在该城市市场准入考评的结果是：适宜开店（　　）延期开店（　　）不能开店（　　）	综合得分	
	填表人	
	填表时间	

注：1. 本“商圈状况”的考评结果采取加权法，85分以上为很好，75—85分为较好，65—75分为一般，65分以下为不好。

2. 本“商圈状况”在整个选址评估各要素中所占权重为20分。

3. “复合商圈”：指该商圈同时经营日用百货、服装鞋帽、餐饮服务、家用电器等各类产品。

4. “专业商圈”：指该商圈主要经营日用百货、服装鞋帽、餐饮服务、家用电器等其中某一大类产品。

5. “自创商圈”为原本无商圈，根据调查分析及根据城市发展规划，认为可自己开发的商圈或与其他行业联合进入一个新的城市规划区来重新创造新商圈。

6. “零商圈”指该卖场不在任何商圈的范畴内。

卖场结构及设施考评表

序号	维度	100	80	60	40	0	权重	评分	得分
1	门头长度	＞8米	6—8米	4—6米	3—4米	＜3米	10%		
2	可用门面长度	＞8米	6—8米	4—6米	3—4米	＜3米	10%		
3	卖场楼层	主一层无台阶	主一层带地下一层	地下半层	主一层带二层		10%		
4	卖场楼层结构	框架结构，通透性强，中间只有立柱，没有拐角、死角	框架结构与板块房屋型结构相结合，大约20%的面积有隔墙或死角		板块房屋型结构，50%以上的面积有隔墙或死角		10%		
5	卖场外墙位置	卖场处十字路口，两面外墙临主街道70米以上	卖场单面外墙临主街道50—70米	卖场单面外墙临主街道30—50米	卖场单面外墙临主街道15—30米以下		10%		
6	卖场外空地/停车位	200平方米以上	150—200平方米	100—150平方米	80—100平方米	80平方米以下	10%		

（续上表）

7	卖场入口及通道	两个以上临街出入口，店中店对正入口，有2米左右宽的步行通道	两个出入口，店中店2米左右宽的步行通道	只有一个临街出入口	有一个2米宽的步行楼梯		5%		
8	卖场广告位	外墙300平方米以上广告位或内部200平方米以上广告位	外墙150—300平方米广告位或内部100—200平方米广告位	外墙50—150平方米广告位或内部50—100平方米广告位	外墙50平方米以下广告位或内部50平方米以下广告位		10%		
9	卖场楼层高度	单层吊顶后3.5米以上，或复式净高6.5米以上	单层吊顶后3—3.5米	单层吊顶后2.5—3米	单层吊顶后2.5米以下		5%		
10	卖场供电	180千瓦以上	150—180千瓦	100—150千瓦	100千瓦以下		5%		
11	卖场结构可调整性	可大面积随意调整	只能局部调整		基本上不能调整		10%		
12	其他设施卫生间	有				没有	1%		
13	消防设备及辅助设备	有				没有	2%		
14	有10条以上电话线	有				没有	1%		
15	供水系统	有				没有	1%		
主管核实与意见：					综合得分				
注：本“卖场结构及设施”的考评结果采取加权法，85分以上为很好，75—85分为较好，65—75分为一般，65分以下为不好。					填表人				
城市状况考评结果：很好（　）较好（　）一般（　）不好（　）					填表时间				

逸马国际顾问集团

逸马国际顾问集团是国内唯一的一家整合中西方资源、结合中国国情，集连锁经营实战研究、培训、咨询为一体的大型顾问机构。总部位于香港，大陆运营中心设立于深圳。

集团由中国连锁经营实战领军人物，逸马国际顾问集团总裁，国内著名的连锁经营、营销双栖专家马瑞光领衔。20世纪90年代中国连锁经营概念开始萌动，马瑞光先生作为香港四大财团之一的新世界集团高层，参加当时中国较早的连锁项目运作，之后对连锁这一商业模式进行深入研究。2003年，马瑞光先生和香港新世界集团部分高管在香港创立了逸马国际顾问集团。集团总裁马瑞光先生也因其在连锁专业研究、实战方面的突出贡献被称为是中国连锁第一人，开创了专注中国连锁企业实际问题管理咨询的先河。

作为中国国内最早研究连锁企业的管理咨询、投资和实业公司，逸马是中国连锁顾问领域的第一品牌。凭借丰富的行业经验、丰富的客户资源和贴近本土市场的成功实践，逸马帮助客户明确战略，优化流程，集成系统，引进创新，提高整体竞争优势，成为绩效卓越的连锁组织。

逸马集团的专家团队由各类专业人员组成，他们包括：连锁巨头实战专家、行业专家、海外归来的连锁研究专家，以及熟知中国连锁经营市场的知名教授。

此外，逸马国际中国连锁经营研究院的专家利用严谨的方法论和先进技术为客户提供迅速可靠、经济有效的连锁经营解决方案。

逸马服务的客户广泛，涉及家电通讯、家居连锁、鞋服专卖、美容化妆、餐饮连锁、珠宝首饰、钟表眼镜、医药连锁、建材装饰、零售连锁、音像图书、汽车专卖、农资连锁、服务连锁等，联想集团、创维集团、松下电工、苏宁电器、朗能电器、日本资生堂、上海百度酒吧连锁、悦膳粮餐饮、浙江娅茜内衣连锁、福建诺奇时装、7天连锁酒店、福瑞斯汽配、国美电器、小肥羊、中国移动、雅芳婷布艺、才子服装、百丽鞋业、美的集团、雷士照明、卡顿美发、三菱重工、全友家私、掌上明珠、丁家宜、金意陶陶瓷、东莞国药、鸿翔集团、均瑶集团、威豹箱包、中国电信、中国联通、中域电讯、协亨手机、新一佳超市、罗莱家纺、富安娜家纺、君安饰品、重庆商社、徽商集团、一兆韦德健身等知名企业都是逸马连锁智慧传播的行业代表。

逸马的独特优势在于：能够结合中国市场的实际情况，参考集团多年的实战案例，为客户设计实用的制胜战略和标准化体系，同时具有强大的实施能力帮助客户实现其战略愿景。

在短短几年成长过程中，逸马凭借丰富的专业知识和卓越不凡的发展模式，成为连锁行业内腾空跃起的矫健黑马，也因此成为媒体关注的焦点。《经济观察报》、《经济参考报》、《南华早报》、《21世纪经济报道》、《第一财经日报》、《中国经营报》、《沃顿知识在线》、《中国证券报》、《华夏时报》、《财经时报》、《中国商报》、《信息时报》、《时代周报》、《投资者报》、《东方早报》、《赢周刊》等媒体对逸马进行了全方位、立体式关注和报道。

集团同时拥有连锁经营领域的门户网站“中国连锁经营实战网”，是目前国内连锁领域最权威、最专业、最丰富的连锁门户媒体。

经过了艰苦奋斗的创业期、励精图治的培育期，正处于踌躇满志扩张期的逸马，以更加自信的姿态和放眼寰球的视野，在战略思路、人员管理、专业突破、模式优化等方面与时俱进，顺势而动，创造连锁业新的辉煌与奇迹。

地址：深圳市福田保税区市花路德宝中心7、8楼

电话：0755—82903998　82904887

网址：www.ccfcc.net　www.fh01.com